SITEJIAOYUXILIECONGSH

U0577431

学生集体素质教育

《"四特"教育系列丛书》编委会　编著

吉林出版集团股份有限公司
全国百佳图书出版单位

图书在版编目（CIP）数据

学生集体素质教育／《"四特"教育系列丛书》编委会编著．—长春：吉林出版集团股份有限公司，2012.4

（"四特"教育系列丛书／庄文中等主编．学生素质教育与培养）

ISBN 978-7-5463-8752-9

Ⅰ.①学… Ⅱ.①四… Ⅲ.①中小学生－集体主义教育

Ⅳ.① G631.4

中国版本图书馆 CIP 数据核字（2012）第 043942 号

学生集体素质教育

XUESHENG JITI SUZHI JIAOYU

出 版 人	吴　强	
责任编辑	朱子玉　杨　帆	
开　　本	690mm×960mm　1/16	
字　　数	250 千字	
印　　张	13	
版　　次	2012 年 4 月第 1 版	
印　　次	2023 年 2 月第 3 次印刷	
出　　版	吉林出版集团股份有限公司	
发　　行	吉林音像出版社有限责任公司	
地　　址	长春市南关区福祉大路 5788 号	
电　　话	0431-81629667	
印　　刷	三河市燕春印务有限公司	

ISBN 978-7-5463-8752-9　　　　定价：39.80 元

前　言

　　学校教育是个人一生中所受教育最重要的组成部分,个人在学校里接受计划性的指导,系统地学习文化知识、社会规范、道德准则和价值观念。学校教育从某种意义上讲,决定着个人社会化的水平和性质,是个体社会化的重要基地。知识经济时代要求社会尊师重教,学校教育越来越受重视,在社会中起到举足轻重的作用。

　　"四特教育系列丛书"以"特定对象、特别对待、特殊方法、特例分析"为宗旨,立足学校教育与管理,理论结合实践,集多位教育界专家、学者以及一线校长、老师们的教育成果与经验于一体,围绕困扰学校、领导、教师、学生的教育难题,集思广益,多方借鉴,力求全面彻底解决。

　　本辑为"四特教育系列丛书"之《学生素质教育与培养》。

　　实施素质教育是我国现代化建设事业的需要。它体现了基础教育的性质、宗旨与任务。提倡素质教育,有利于遏制当前基础教育中存在着的"应试教育"和片面追求升学率的倾向,有助于把全面发展教育落到实处。从教育面向现代化、面向世界和面向未来的要求看,素质教育势在必行。这是我们基础教育时代的主题和任务。

　　学校教育的核心工作是培养全面发展的社会主义建设者和接班人,而学生则是未来的主要建设者和接班人,直接关系到整个社会的前途和命运。中小学生正处于青少年时期,其心理生理发展具有不成熟、可塑性强的特点,他们在面对错综复杂的社会时能否全面认识理性分析问题不仅是部分人的问题而是一个社会问题。当代青少年面临更多的机遇和史无前例的挑战,只有树立科学的价值观,才能全面正确地认识自己、他人和社会,才能在认识和改造世界的过程中取得成功。

　　本辑共20分册,具体内容如下:

　　1.《学生身体素质教育》

　　根据中小学生参与体育状况调查发现,学生身体素质呈现持续下降的趋势。针对学生身体素质下降的状况,必须要让体育课落到实处,且要加强开展学校课外体育活动的力度,充分调动广大学生参与课外体育活动,从而提高学生的身体素质,使学生的身心得到健康发展。同时,探寻学校学生身体素质下降的根源,从而提高他们的身体素质。

　　2.《学生心理素质教育》

　　本书的各位作者拥有多年从事心理健康教育和研究的经验,为此,我们运用心理学的基本原理,从同学们的需要出发,编写了本书,它主要包含上面提到的自我、人际、学习、生涯等几个方面的内容。希望同学们能通过本书的学习,掌握完成这些任务的战略与技巧,为你们的长远和可持续发展提供力所能及的帮助。

3.《学生观念素质教育》

不同的人对同一事物产生不同的看法,本来是很正常的事情,但如果不同学生的观念差异太大,甚至"针锋相对",就不能不让人琢磨一下。本书就学生的观念素质教育问题进行了系统而深入的分析和探讨,并提出了解决这一问题的新思路、可供实际操作的新方案,内容翔实,个案丰富,对中小学生、教师及家长均有启发意义。本书体例科学,内容生动活泼,语言简洁明快,针对性强,具有很强的系统性、实用性、实践性和指导性。

4.《学生道德素质教育》

道德素质是人的重要内涵,它决定着人的尊严、价值和成就。良好道德素质的培养,关键在青少年时期。为培养学生形成良好的行为习惯,提高道德素质,只有建立学校、家庭、社会三结合的"立体化"教育网络,才能最有效地促进学生道德行为的养成,全面提高青少年的素质,促进青少年的健康成长。

5.《学生形象素质教育》

我们自尊我们自信,我们尊敬师长,我们自强我们自爱,我们文明健康。青春就是一次又一次的尝试。身处在这个未知的世界,点滴的前进,都是全新的体验,它点亮中学生心中的那片雪海星辰。新时代的中学生用稚嫩的双手创造一个又一个生命的篇章。让我们用学识素养打造强而有力的翅膀,让我们用青春和梦想做誓言,让我们用崭新的形象面向世界。

6.《学生智力素质教育》

教学中学生正是通过语言符号和非语言符号,学习知识、技能,在吸取人类智力成果过程中,使自己的智力得到锻炼和发展。指导学生智力发展应贯串于教学过程的始终。备课、钻研教材、上课、答疑、辅导、组织考试、批改试卷和作业都应当分析学生思维的过程,考虑发展思维的教学措施。

7.《学生美育素质教育》

美育是培养学生全面发展的教育方针的重要组成部分。美育又称审美教育或美感教育,是培养学生正确的审美观点以及感受美、鉴赏美和创造美的能力的教育。美育是实施其他各育的需要,美育是全面发展教育的重要组成部分,它渗透在全面发展教育的各个方面,对学生身心健康和谐地发展有促进作用。

8.《学生科学素质教育》

教育应面向全体国民,以提高国民素质、提高学生科学素养为目标,为学生的终身发展打下基础。本书以培养小学生科学素养为宗旨并依据新课程标准编写。学生通过本书的学习,能知道与身边常见事物有关的浅显的科学知识,了解科学探究的过程和基本方法,保持和发展对周围世界的好奇心和求知欲,逐渐养成科学的行为习惯和生活习惯,形成敢于创新的科学态度,培养爱科学、爱家乡、爱祖国的情感。

9.《学生创造素质教育》

创造才能是各种能力的集中和最有价值的表现,人类社会文明都是创造出来的,所以只有具备创造才能的人,才是最有用的人才。一切发达国家都非常重视青少年创造才能的培养。培养创造才能要从教育抓起,要从小做起。

10.《学生成功素质教育》

本书旨在让学生认识到成功素质教育的重要性。成功素质教育的目的和意义在于:激发学生对于成功的欲望和追求;让学生了解成功素养的内涵和相关解释;通过开展积极有效的成功素质教育,激发学生潜能;让学生自发主动地参与成功素质的行为,由被动转为主动。

11.《学生爱国素质教育》

祖国是哺育我们的母亲,是生命的摇篮,我们应该因为自己是一个中国人而感到骄傲。学校要坚持抓好学生的爱国主义教育,使他们从小热爱祖国。"祖国"一词对小学生来说,比较抽象,因此,他们对学生进行爱国主义教育,注意从大处着眼,小处着手,引导学生从身边具体的事做起。

12.《学生集体素质教育》

一个国家如果没有团结稳定的局面是不可能繁荣兴盛的;一个集体如果没有精诚合作的精神是不可能获得发展的;一个班级如果集体观念淡薄是不可能有提高进步的;一个人如果不加强培养集体意识,他是不可能被社会所接纳的。集体意识的培养对每个学生来讲是至关重要的。学生只有在校园就开始提高自己的集体协作意识,才能在将来的工作中游刃有余,才能让自己的前途得到更好的发展。

13.《学生人道素质教育》

人道主义精神与青年成长的关系非常密切,既关系思想意识上的完善,又关系知识面的拓展。为进一步切实加强青少年的思想道德建设,建议教育部制定切合实际的教育纲要,将人道主义教育纳入中小学生课程。本书从人道主义精神的培养入手,规范未成年人的行为习惯,使他们真正成为合格的接班人。

14.《学生公德素质教育》

社会公德作为人类社会生活中最起码、最简单的行为准则,是和广大人民群众的切身利益密切相关的,是适应社会和人的需要而产生的。它对人们的社会生活具有特殊且广泛的社会作用。每个社会成员都应该自觉遵守社会公德。社会公德是衡量一个国家全民素质水准的重要标志,抓紧对青少年进行社会公德教育,既是推动社会进步的奠基工程,也是社会主义精神文明建设的一项战略任务。

15.《学生信念素质教育》

加强公民道德建设,在全社会树立中国特色社会主义的共同理想和信念,加快构建传承中华传统美德、符合社会主义精神文明要求、适应社会主义市场经济的道德和行为规范。未成年人是祖国未来的建设者,加强和改进未成年人思想道德建设尤其重要。理想信念教育是培养公民素质的本质要求,把学生培养成为热爱社会主义祖国,具有社会公德、文明行为习惯的遵纪守法的公民是我国德育工作的主要任务。在德育体系中,理想信念教育处于核心地位,是德育研究的重中之重。

16.《学生劳动素质教育》

劳动素质教育是向学生传授现代生产劳动的基础知识和基本生产技能,培养学生正确的劳动观点,养成良好的劳动习惯的教育。本书旨在培养学生正确的劳动观点和良好的劳动习惯,使学生掌握初步的生产劳动知识和技能。

17.《学生纪律素质教育》

依法治国已成为我国治国的方略。我们正在建设社会主义法治国家,纪律法制在社会生活中的作用越来越重要,因此进行纪律法制教育也就十分必要了,对青少年学生尤其如此。青少年时期正好是一个人世界观、人生观、价值观的形成时期,在此时加强纪律法制教育,有利于帮助他们掌握应有的纪律法制知识,增强纪律法制意识,提高自觉遵守纪律法制的自觉性,养成良好的遵纪守法习惯。

18.《学生民主法制素质教育》

在推进依法治国,建设社会主义法治国家的进程中,加强对青少年的法制教育,促进青少年的健康成长,我们负有不可推卸的历史责任。为此,本书对当前青少年犯罪的现状、特点、成因进行了调查,对如何进一步加强青少年法制教育和预防青少年犯罪的方法作了一些探索,具有很强的系统性、实用性、实践性和指导性。

19.《学生文明素质教育》

礼仪是一种修养,一种气质,一种文明,一种亲和力,它是人际交往的通行证。青少年是祖国的希望,是 21 世纪国家建设的主力军。培养他们理解、宽容、谦让、诚实的待人处事和庄重大方、热情友好、礼貌待人的文明行为举止,是当前基础教育和学校德育工作的重点之一。将主题宣传教育活动、文明礼仪知识普及活动、日常行为规范教育活动紧密结合起来,培养学生文明行为举止,抓实抓细,必定卓然有效。

20.《学生人生观素质教育》

当代的中学生是跨世纪建设有中国特色社会主义的主力军,他们的人生观如何,关系到他们的本质是否能够得到全面提高,关系到我国社会主义大业的兴衰。因此,学校必须加强对中学生进行人生观教育。在校学生是我国社会生活中被寄予厚望的最重要的群体,他们的人生观变化是社会变化的晴雨表。人生观不仅影响他们个人的一生,而且对国家的前途、命运产生相当大的影响。因此,学校必须加强对中学生进行人生观教育。

由于时间、经验的关系,本书在编写等方面,必定存在不足和错误之处,衷心希望各界读者、一线教师及教育界人士批评指正。

编者

目 录

第一章 学生集体素质教育的理论指导 ……………… (1)

1. 集体主义的涵义和原则 ……………………… (2)

2. 集体主义在教育中的地位 …………………… (2)

3. 学校进行集体主义教育的方法 ……………… (6)

4. 对新学生进行集体主义教育 ………………… (9)

5. 对独生子女进行集体主义教育 ……………… (12)

6. 在班级建设中进行集体主义教育 …………… (15)

7. 在班级管理中进行集体主义教育 …………… (20)

8. 在班级活动中培养学生集体观念 …………… (30)

9. 多渠道加强学生集体主义教育 ……………… (33)

10. 借现代技术培养学生集体主义精神 ………… (36)

11. 政治教学中的集体主义教育指导 …………… (37)

12. 在数学中培养学生集体主义观念 …………… (41)

13. 美术教学中的集体主义教育指导 …………… (41)

14. 体育教学中的集体主义教育指导 …………… (44)

15. 在体育教学中渗透集体主义思想 …………… (49)

16. 对小学生进行集体主义教育 ………………… (52)

17. 对中学生进行集体主义教育 ……………………（55）

18. 对大学生进行集体主义教育 ……………………（57）

第二章　学生集体素质教育的故事推荐 …………（65）

1. 甘做航天孺子牛的方国俊 …………………（66）

2. 藏族群众的好"门巴"李素芝 ……………（76）

3. 一心为民的好支书官锦初 …………………（85）

4. 当代转业军人楷模黎广森 …………………（98）

5. 复退军人的好榜样梁远献 …………………（108）

6. "神六"骄子聂海胜 ………………………（117）

7. 为保护人民群众生命财产献身的李剑英 ………（132）

8. 反腐倡廉的忠诚卫士余春坤 ………………（144）

9. 中国漫步太空第一人翟志刚 ………………（150）

10. 英姿飒爽的翱翔高手景海鹏 ………………（164）

11. 忠诚的津门卫士王俊刚 ……………………（173）

12. 三军仪仗队的"首席执行官"李本涛 ………（179）

13. 以责任书写军人荣耀的向南林 ……………（185）

14. "中国忠诚卫士"尹欣欣 …………………（192）

第一章

学生集体素质教育的理论指导

1. 集体主义的涵义和原则

集体主义的涵义

集体主义，是主张个人从属于社会，个人利益应当服从集团、民族、阶级和国家利益的一种思想理论，是一种精神。它的最高标准是一切言论和行动符合人民群众的集体利益，这是共产主义和无产阶级世界观的重要内容。其科学含义在于当个人利益和集体利益发生矛盾的时候要服从集体利益。一切行动和言论以集体为重个人为轻。

集体主义的原则

集体主义原则主要内容是坚持国家、集体和个人的利益相结合，促进社会和个人的和谐发展、倡导把国家、集体利益防在首位，充分尊重和维护个人的正当利益。当国家、集体和个人利益发生冲突时，个人利益应服从国家和集体利益。

2. 集体主义在教育中的地位

有人说：有德有才是良才，有才无德是坏才，有德无才是庸才，无才无德是无赖。可见，德育在教育中占有十分重要的地位。然而，德育教育的内涵很广泛这里笔者就集体主义教育在学校德育教育中的地位谈谈自己的一点看法。

当前，中小学生基本上是独生子女，这种特定的家庭生活环境，使他们缺少与兄弟姐妹之间的相互交往、谦让、帮助和照料的体验，再加上城镇化建设步伐的加快，单元楼房的居住环境使中小学生平时也缺少与其他的人、群体、同龄孩子间交往和合作的机会，"集体"、"他人"和"大家"的观念差，有的甚至造成个性、心理、道德、品质等方面的问题。对这样一个特殊的群体如何实施集体意识、观念的教育，进行集体主义教育，使其学会关心他人，把集体的利益放在个人利益之上，学会与他人共处，学会合作，适应社会的发展，可以说是迫在眉睫的事情。

社会主义集体主义既是一种价值观，又是处理国家、集体和个人三者关系的政治原则和道德原则，它的主要内容是：坚持国家、集体和个人利益相结合，促进社会和个人的和谐发展，倡导把国家、集体利益放在首位；充分尊重和维护个人的正当利益，发挥个人的主观能动作用；当国家、集体和个人利益发生矛盾时，个人利益要服从国家和集体利益。我国目前处于改革开放，进行社会主义现代化建设的新时期，在经济体制上由计划经济向市场经济转变，在经营方式上由粗放型向集约型转变，出现了多种价值观并存的现象。中小学德育工作如何适应新形势，不断提高学生的爱国主义、集体主义和社会主义思想觉悟，是学校德育工作亟待解决的问题。在学校的爱国主义、集体主义和社会主义教育链条中，集体主义教育居于承上启下的地位和作用，是一个重要的中间环节，集体主义教育承接爱国主义教育使其更加贴进学生实际，促进爱国主义教育的深化和升华；集体主义思想又是社会主义道德的核心，集体主义价值观又是社会主义价值观的基础，有助于学生树立社会主义理想，坚定共产主义信念。原苏联的大教育家苏霍姆林斯基认为，集体主义是一条"主要的道德原则"，"集体主义是社会主义社会对人们提出的最主要、最基本的要求"。集体主义教育是社会主义学校教育的重要组成部分，是新时期素质教育的重要内容，同时对促进学生个性的全面发展有重要的意义。把学校作为培育集体意识和观念的起点，作为培养集体主义的摇篮是世界上许多国家的共识。目前，我们学校进行集体主义教育的目标和内容已经很明确。

《小学德育纲要》要求，热爱集体的教育主要是："教育学生知道自己是集体中的一员，要热爱集体、关心集体，培养集体意识和为集体服务的能力；服从集体决定、遵守纪律、努力完成集体交给的任务，珍惜集体荣誉，为集体争光；在集体中团结、谦让、互助、合作、关心他人、积极参加集体活动，学习做集体的小主人。"

《中学德育大纲》要求，初中主要是："尊重、关心他人，集体成员之间团结友爱教育；爱班级、爱学校、为集体服务、维护集体荣誉的教育；正确处理自我与他人、个人与集体、自由与纪律关系的教育。"

高中主要是："尊重、关心、理解他人，集体成员之间团结协助的教育；关心社会、为家乡、社区的公益事业贡献力量的教育，正确处理个人、集体、国家利益关系的教育；以集体主义为导向的人生价值观教育。"

目前，进行集体主义教育的重点和难点是途径和方法的问题。学校实施集体主义教育的方法是多种多样的，总的来讲有显性和渗透性教育两种。显性教育的方式我们运用的比较多，在很长的一段时间里取得了良好的教育效果。从80年代的改革开放以后，随着社会经济成分，人们的生活方式、就业岗位和形式的多样化，新生一代在关注个人需求上的增强，教育的任务加重了，显性教育的效果却越来越不理想。针对这一情况，我们有必要研究和借鉴外国学校实施集体主义教育的方法——渗透性教育。

现在各国包括集体意识和观念在内的许多教育具有一个明显的特点：十分强调教育的潜移默化，重视教育目标和内容的渗透性。比如美国讲"人的自尊、自信、自主"是生存的三个条件，缺一不可，是通过《三条腿的凳子》的故事来进行教育的：一个凳子必须有三条腿，才能形成一个平面，才能稳定，缺一条腿也站不稳。相比之下，我们教育的题目却过于呆板和成人化，像"遵守纪律"、"艰苦奋斗"、"助人为乐"、"拾金不昧"等，可以说是一个个口号，一条条标语，如果学校教育把集体主义教育都要变成一种"口号教育"，学生一看题目就知道老师要说什么，听了上一句就知道下一句的内容，就会缺少疑问和悬念，激不起学生的好奇心和求知欲。

因此，研究学生的特点，从学生实际出发，把他们当成孩子而不是成人，让题目发人深思，特别是具有童真、童趣和童乐，是我们应努力的一个方向。另外，我们应该注意排除两个方面对集体主义教育的干扰：一个是不平等，另一个是分数。

班集体是学生学习、生活的"小社会"，这个"小社会"有自己特定的"道德"、"规范"的价值"准则"。在班集体中进行集体主义教育，有一个最大的优势是所有成员的平等性。班级虽然设有班干部，但并没有特权和等级，没有报酬和个人利益，只有在班集体中扮演不同的角色而已，都是义务为班集体服务，这一点需要引起班主任老师的高度重视。班干部一旦养成一种"干部"的优越感，有了一点"小特殊"、"小特权"，破坏了同学之间这种可贵的平等性，将会从品格的源头上影响集体主义品质的培养。

同样，它也是评价一个学生的素质高低，衡量学生与学生之间平等相待、和谐相处的一个极为重要的标准。分数的干扰也不容忽视，学校以考分评价教师，教师和家长以考分评价学生，这种以分看人、取人、待人的教育评价观，破坏了师生之间的情感影响了师生之间情感的交流和心灵的对话，课堂教学平等、和谐的环境气氛受到影响，教师和家长无意之中用分数把学生划分为几个等级，影响了学生团结友爱，降低了集体的凝聚力。

渗透性教育是对学生进行集体主义教育的一条很重要的途径，各学科可根据自己的学科特点，狠抓学生感兴趣的一个方面开展教育。例如体育课在组织体育课堂教学的同时可培养学生的团结意识、协作意识和集体荣誉感；地理课通过介绍祖国秀美的山川、奔腾的河流、丰富的宝藏对学生进行热爱集体、热爱祖国，开发和建设家乡大好河山的教育；语文课可通过参加社会实践、写调查报告，对学生进行国情教育，使学生了解集体、关注社会的未来与发展。

对学生实施集体主义教育的途径是多方面的，不管采取哪一种方式，都要讲求教育的实效性，既要重视集体主义教育在学生德育教育中的地位，又要分析学生的心理特点，只有教育手段科学化、艺术化、多层面化，才能真正从根本上起到提高学生的集体主义思想觉悟和养成良好的行为品质。总之，集体主义教育在学校德育教育中占有相当重要的地位。

集体主义教育是学校德育教育的基础，只有集体主义教育提高了，学校德育教育才能事半功倍。反之，没有集体主义教育的德育教育也就如同在沙滩上修建房屋一样，不可能取得很好的效果。

3. 学校进行集体主义教育的方法

社会是一个集体，家庭也是一个集体，孩子从小生活在家庭中，长大后又生活在社会中，所以从小就应培养孩子的集体主义精神。

集体的好坏，对一个人世界观的形成及道德品质的培养影响极大。因此，每个集体都要创造团结友爱奋发向上的氛围，为孩子的健康成长提供最佳的环境。

家长在配合学校对孩子进行集体主义精神教育时应怎样去做呢?

教育孩子从小事做起

遵守纪律、团结友爱、关心他人、助人为乐都是热爱集体的表现，个人的利益要服从集体的利益。个人的事再大，在集体利益面前也是小事，集体的事再小，在个人利益面前也是大事。摆正个人与集体的位置是至关重要的。

集体主义精神对一个人形成高尚情操起着极大的作用，它使孩子豁达开朗，从小有集体荣誉感，有责任心、义务感，这对克服"以我为中心"的自私心理等不良道德倾向，培养道德意志、习惯、自制力、自我评价能力等都有极大的好处。家长应有意识地培养孩子的集体主义精神。

支持孩子参加集体活动

集体主义教育的重要途径是开展丰富多彩的、适合儿童年龄特点的活动，家长要支持孩子参加这些活动。如：体育运动会、文艺会演、诗歌朗诵会等。家长主动了解活动要求，协助做些准备工作，活动后了解活动情况，听听孩子的反映，给予必要的引导以巩固集体教育的效果。很多家长在这方面为孩子做出了榜样。如：带着孩子为灾区、为希望工程捐款和捐物，指导孩子背诵台词，帮助孩子制造演出道具，双休日带着孩子到花坛捡拾废弃物……这些行动无声地教育着孩子，对孩子自尊心和荣誉感的形成都起着促进作用。

雷锋有句名言："荣誉从集体来"。集体获得表彰奖励，每个成员都会感到光荣。因此，家长应支持孩子为集体贡献力量。孩子在为集体做贡献的过程中，他们的心灵得到净化，他们的能力得到施展，他们的本领得到增长，他们的友谊得到发展。他们会尝到成功的喜悦，会在挫折面前经受考验。在人生的道路上最初的体验，会影响到孩子的一生。有的家长由于目光短浅，不愿让孩子当班干部，怕影响学习成绩，不支持孩子为集体做好事。结果孩子心中只有自己，脱离了集体便终日陷入苦闷孤独之中。

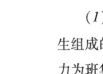

独生子女的弱点，如自私、高傲、孤独等必须在集体中纠正。独生子女的家长更应加强孩子集体主义精神的培养。要放手让孩子在集体中接受教育，让他们懂得个人的点滴进步和成长离不开集体，离不开父母、老师的教育，离不开小伙伴的帮助。当孩子受了委屈时，家长应理智对待，让孩子自己去解决矛盾，家长切勿横加干涉，应让孩子明白，集体是他们生活的空间，只有在集体生活中，他们才会健康、顺利地生长，任何人的进步与成功都离不开集体。

从培养班集体抓起

（1）正确认识班集体的概念　让他们知道班集体是由一个个学生组成的，每一个学生都是集体的一员，都不能脱离集体，都要努力为班集体增光添彩。学生对班集体有了正确的认识，才能处理好个人与集体的关系，要在工作中，十分注重培养学生对班集体的感情，不失时机地进行教育。

（2）要培养学生集体荣誉感　正确的集体荣誉感是良好道德的行为支柱，它将在学生中产生不可估量的影响。

从活动中抓起

学生一般活泼好动，根据这个特点，恰当地安排组织一些有意义的活动，能充分调动学生各方面的积极性。

从身边的榜样抓起

榜样的力量是无穷的，它对小学生思想品德的形成有巨大的感染力和说服力。小学生模仿性强，有上进心，他们对英雄、模范人物最容易产生敬仰和依赖，并能以榜样的言行来评价周围的人和自己的行动，以此激励自己奋发向上。而他们对身边看得见，摸得着的榜样更感到亲切、可信，易于学习。因此，注意培养学生身边的学习榜样。如：在学习上树起了学习标兵；纪律上有遵守纪律的好少年；在劳动方面有不怕苦不怕累的劳动能手；还有乐于助人的小雷锋。这样学生学有榜样，有先进。班里班风正、学风浓，处处充满了团结、互助、友爱、进取的气氛。

从点滴小事抓起

培养学生关心集体，关心别人的品德，还要从平日的小事做起。有些事虽小，却能反映出一个人思想深处的东西。

总之，学生团结友爱的集体主义精神不可能是一朝一夕形成的，只要我们锲而不舍，常抓不懈，耐心教导，就一定会取得很好的效果。

4. 对新学生进行集体主义教育

现在我们的学生都是家中的宝贝，家长们都会尽可能满足他们的需求，因此养成了他们比较自私的习惯。新生在入学以后，与同学相处中会将自己的利益放在首位；当犯错误时更多的是说别人错在哪里，而没有想到当自己犯错会影响同学关系，会对集体利益造

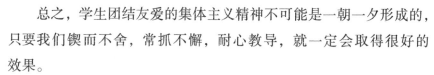

成坏影响，影响到集体荣誉。

当新生入校后，要使学生尽快对新集体产生感情和责任感，教师就必须在开学之前对未来的班集体产生感情和责任感。以集体主义为基石建立起来的班集体，是学生汲取知识、培养能力和开发智力的理想摇篮。

首先，集体主义有助于班级良好学风的形成和巩固。对班集体的由衷热爱会成为学生学习动力之一。因为每一个学生的成绩已不仅仅属于学生个人，而是关系着集体的荣辱。

其次，学生之间的互相帮助启发、取长补短，既有利于每个学生的学习进步，也会提高整个集体教学水平。

一个健康向上的班级集体不仅是老师渴望看到的，同时也是学生们所向往的。如此重要的工作不但需要责任感，更需要我们每位老师用心、动脑，抓住一切可利用的资源去对学生进行教育。

建立集体主义精神

师生平等主要指师生在尊严上不分贵贱，人格上彼此尊重，思想上互相交流。班主任应该把自己置于集体一员的位置上，让学生感到老师是他们的朋友，和他们一起建设美好的集体。作为低年级的教师面对什么都不懂的孩子，则更应该学会从孩子的角度看待问题，去感受他们的思想。以朋友的身份去与他们交流探讨，当他们成功时给予赞美和鼓励，当他们犯错时又给予及时的提醒，成为学生贴心的朋友。学生之间平等的人际关系主要通过教育学生互相尊重来实现。要让学生真正认识到人与人之间的智力、才能、性格等虽然存在着差别，但每个人都是平等的。

要特别关注那些所谓的"后进学生"，发现并发展他们自己独特的禀赋与才能。让我们的生活中涌现更多的达尔文、罗丹、爱因斯坦。

建立集体的奋斗目标

确立共同的奋斗目标，有助于学生责任感的形成。集体主义教育的实施，在于激励学生自觉地实现集体的目标。要充分相信学生，即使是看起来似乎最缺乏上进心的孩子，其心灵深处也有着"我的班集体，各方面都应该最好"的渴望。这个集体目标可以是某一方面的，也可以是某一阶段的。师生共同为之努力时，这个目标就引导着集体不断前进。从某种意义上说，班集体形成发展的过程，就是实现一个又一个集体目标的历程。

培养集体主义精神

我们可以抓住学校的运动会、读书活动，绘画征文比赛等，在活动中潜移默化地使学生受到集体主义精神的感染。其起到的作用是教师用任何美妙而空洞的说教都难以达到的。

组织公平的学习竞赛

提供大量的创造机会，班级的集体学习，是学生获得集体主义营养的又一渠道。班主任要善于让学生在获得知识的过程中，通过各种形式的学习活动建立起集体主义的关系，互相帮助、互相监督、互相激励。把个人的学习态度、学习成绩与班级荣誉联系在一起。可以开展小组与小组之间的竞赛评比，不同层次学习团体之间的评比，男女生之间的学习竞赛评比。并在班中为学生提供大量可创造机会，让每个学生都承担起班内事物，展示自己的才能，让学生在成功的喜悦中体会到为集体奉献的幸福。

形成健康的集体舆论

学生生活在班集体中，我们就应尽量使他们感到集体对自己的关注和监督。班主任要善于引导集体舆论，把自己对某一学生的关心、表扬、批评，转化为班集体对某一学生的关心、表扬、批评，那么，学生会真切地感到集体的存在，感到自己与集体有一种融为一体，不可分离的联系。因此，高明的教育者总是把自己的教育意愿以集体舆论的形式表达出来，通过集体去影响每位学生。

5. 对独生子女进行集体主义教育

独生子女在学龄前普遍在生活环境相对封闭，与同龄人接触较少，父母期望值和关注点集中的特殊心理养成状态中发展着自己的集体观念。踏入校门以后，班集体开始对他们的人格养成发挥作用，针对独生子女心理、生理和特殊的接受视野，开展行之有效的措施，能更好地培养他们积极的情感品质和良好的个人意志品格，养成他们健康向上的人格和价值观。

和谐的班集体环境

班集体作为一个良好的微观社会环境，对独生子女的成长产生着直接而巨大的影响作用。独生子女随着年龄的增长，独立意识增强，愈益需要与他人交往，特别向往集体生活。希望通过与他人的合作克服学习和生活中的困难；希望在各种丰富多彩的集体活动中发挥自己的潜能，表现自己的才能和特长，吸引别人，得到别人的尊重和赏识，进而发展自己，完善自己；希望生活在集体中，尤其是以同龄人为主的集体生活中，与同伴结成和谐平等的人际关系。

班集体作为一个微型的"社会环境"。为独生子女提供第一次施展才能、发展能力的舞台。由于集体主义观念始终是班级意识的核心，主导着班级的心理过程和文化氛围，一个班级在组建以后，经过教师的指导，全体成员按照一定的教育目的、任务和要求，遵循一定的教育原则、方法和手段齐心协力，共同奋斗，逐渐形成稳定的组织结构以及和谐的人际关系。个体的发展目标和价值取向逐渐与集体协调起来。自觉遵守学校各项规范。共同参与班级活动的氛围开始形成，这样的环境最有利于独生子女的个性在相互交往和共同活动中得到良好的磨合发展。在这样稳定的组织结构中，个体能自主地开展活动，成员凝聚力也能得以彰显，从而从根本上颠覆和打破了独生子女学龄前的生活状态，容易融入集体之中。

科学的情感教育

对"集体主义"这种社会人格的培养和塑造，借助情感教育的方式，最能促使师生间情感的融洽、心灵的沟通，从而把握学生情感的脉搏，发挥学生的主体作用，产生教育亲和力，使教育达到最佳效果。

（1）树立明确的教育目标 教育目标从情绪层面上讲是要激发独生子女积极、愉悦的情绪，营造健康向上的集体氛围。从具体内容上讲要培养他们热爱集体生活、积极参与各项公益劳动及社会实践活动的良好习惯；培养他们具有协调良好人际关系、解决集体中矛盾的动力；培养他们责任感、进取性、创造性、自主性等意识品格。

（2）培养热爱集体的情感认同 从培养他们的集体荣誉感作为重点，使每个成员都能自觉地关心集体、热爱集体，把自己的一言一行与集体的荣誉联系起来，为集体出力做贡献。让他们真切地感受到集体主义是班集体建设的灵魂，也是班集体这个"家园"的生存之基。

（3）明确"集体"与"个体"的不同概念 独生子女要学会从

以往个人的圈圈中自觉地走出来，正确处理好个人与集体、个人与他人、自由与纪律的关系，养成适应集体生活的习惯，使个体在集体生活中日益成熟起来。

营造教育氛围

培植独生子女集体主义思想萌芽的深厚土壤，用情感教育为他们的人格、品质"浇水施肥"。是需要一个具有集体关怀为特征的班级氛围作基石。

（1）营造"爱"的氛围　教育者要满腔热忱地对待包括独生子女在内的所有班集体成员，热爱他们，给予他们尊重、关心和理解。帮助他们树立自信心，强化他们积极的情感体验。开展有意义的活动，为他们创造成功的机会。为每个成员在班集体中找到适当的位置，展示自己的才能，由此而改善个人与集体、个人与个人的关系。培养同学间的友谊，协调师生间情感，使班集体中个体得到肯定、尊重、温暖和平等相待，从而形成一种团结、互助人际关系融洽的风气，使他们感到班集体的温暖。

（2）营造"责任"和"荣誉"氛围　以情感教育为核心，培养独生子女集体责任观念和集体荣誉感。根据教育教学规律和学生实际情况，把握教育时机，向他们讲清"责任心"的内涵以及怎样学会承担的责任心道理。在明白道理的基础上，提出类似"我是集体小主人，我为集体争光荣"的目标，采取积极有效的措施。如团队活动、义务劳动等集体行为中的个人负责带领学生去实现目标，帮助他们确立为大家，为集体服务的思想，确立集体荣誉感和责任感。

（3）营造"主人翁"的氛围　培养独生子女的自主意识，针对独生子女集体意识相对淡薄，参与性较弱的客观情况，把他们置于班级主人翁地位，使他们无一例外地参与到班内的各项活动中来，自觉成为班集体的主人。调动他们自主管理的主观愿望，引发他们自主管理的动机。运用情感激励、榜样激励、奖励激励等手段能全方位地激发他们参与集体管理的动机，获得不同的心理体验。产生参与管理的心理欲望，从而真正在集体中找到自己的"一席之地"。真正感受到自己是集体的一份子，体验到集体主义的内涵和自身的价值所在。

6. 在班级建设中进行集体主义教育

冯恩洪说："环境是一种教育力量。我可以叫我的学生不随地吐痰，这是一种教育，但是我还应该创造一种环境和气氛，使学生不好意思随地吐痰。我可以叫学生勤奋学习，我还应该创造一种氛围，使学生置身其间，不学觉得愧对老师，愧对学业。这是一种更高层次的教育。"这种教育实际上就是班集体的影响力。无数班级管理的实践表明，一个优秀的班集体具有巨大的教育功能，它是铸造优秀学生，熔化改造后进学生的熔炉。一个学生表现无论有多不尽人意，如果来到一个优秀的班集体里，则很可能在无形中得到改造。那么该如何建设一个优秀的班集体呢？教育科学及优秀班主任的经验告诉我们，班集体的建设应该从以下几个方面抓起：

（1）培养学生热爱集体等集体主义精神；

（2）提出共同的奋斗目标，并引导学生为实现共同目标而努力；

（3）建立强有力的领导核心和健全的组织机构；

（4）制订并实施共同的行为准则（班规班约）和组织纪律；

（5）培养健康的集体舆论和良好的班风；

（6）开展丰富多样的教育活动（包括班级自主活动）；

（7）建立良好的人际关系。

具体操作时，可抓住一个或几个方面作为班集体建设的突破口，以带动和促进整体的发展。让集体主义精神熠熠生辉。

抓好"三个时段"的集体主义教育培养集体主义精神就是要让学生形成热爱集体、团结友爱、集体荣誉感和集体责任感、集体自豪感等品质及集体主义价值观，同时让他们在集体中满足友爱、归属、温暖等心理需求。培养学生的集体主义精神的教育策略、途径和方法很多，这里只从"开学"、"平常"和"非常"三个时段来讨论如何培育学生的集体主义精神。

开学阶段的集体主义启蒙教育

（1）在开学时建立良好的"第一印象"　日常人际关系中的"第一印象"是至关重要的，班集体建设也是如此。学生对新班的最初印象将直接影响以后班风的形成。因此，对班主任来说，新集体的建设早在新生入学之前就开始了———他必须苦心酝酿着使新生迅速形成"集体"的计划，精心地为"导演"集体主义"开场戏"而做各种准备，胸有成竹地迎接着新集体的诞生。创造良好的"第一印象"可采用这样一些方式：

①暑假里给每位新生写一封热情洋溢的欢迎信（后来把信当作开学报到时的见面礼）；

②精心布置教室（包括挑选格言、宣传画等）；

③开学第一天便在学生中进行"我心目中的班集体"、"我理想的班主任"等问卷调查；

④报名那天通过领新教材、打扫教室卫生等事情让学生初步体会为集体服务的光荣；

⑤开学第一周举行"主问仆答——学生问班主任答"、"我的自画像——同学自我介绍"等主题班会，使师生之间、同学之间尽可能迅速地互相了解。应特别指出的是，创造良好的"第一印象"，是不露痕迹地对学生进行集体主义的启蒙教育。

（2）在班会中萌发"爱集体"的情感　利用主题班会的机会对学生进行教育是有很好的效果的。

（3）让学生在设计班徽中产生自豪感　一个班级就是一个集体，也是一个学生社会，有着自己的风格，有着区别其他班集体的特点。因此为班级设计班徽是很有意义的。具体可让学生自己动手设计，让他们分成若干小组，精心策划。最后对每一小组的班徽进行评比，选出最佳作品作为班级的班徽。设计好的班徽可以张贴到教室醒目的地方，也可印在学生的学生证上。让同学们能感受到班在我心中，为我是班学生而自豪。此外发动全班同学一起创作班歌、讨论班训和班名等，也有利于培养学生的集体主义精神。

平常时期的集体主义深化教育

（1）培养学生集体荣誉感　"班级日记"有利于培养学生的集体荣誉感和自我管理的能力，学生在班级日记中不仅对好人好事进行表扬，而且对那些有损于班级形象的人和事也进行批评，同时还对班上同学的思想状况、学习现状进行分析评价，有时甚至展开讨论。在这种正确舆论的引导下，学生都不知不觉地开始关心班集体的荣誉，维护班集体的形象，从而使大家都加入到班级管理的行列之中。

（2）让学生感受集体温暖　可利用下列时机让学生体会集体的温暖：

①学生过生日时，送上大家的祝福。这个活动拉近了学生与学

生、学生与班主任以及任课老师的心理距离。难怪有学生在日记中写到：从来没有像这样盼望生日的到来。

②学生请病假返校，让全班同学鼓掌欢迎。

③当学生犯错时，让班集体满腔热情地帮助他，而不是排挤他。通过感受集体的温暖，学生就能感受到集体的存在，进而意识到自己就是集体的一员。

（3）增强班集体的凝聚力　要想形成一个良好的班集体，互爱教育很重要。这互爱指的是师生互爱和生生互爱。真心地关爱着班级里的每一位学生，同时切实地引导学生之间相互关爱，相互信任。具体做法主要有两点：

①珍视同学们的"爱心行为"，经常表扬能关爱、帮助别人的同学；

②有同学生病或家里有困难时，引导学生关心和帮助同学。时间一久班里互爱、互助成风，而且大家都爱上了班级这个暖洋洋的"家"。能感受到老师和同学的爱，对学生来说是一种幸福和奖赏，这对于唤起学生积极上进的意识，加深师生感情，增强班级的凝聚力具有重要意义。

（4）强化学生的主人意识　集体财产与集体观念是联系在一起的。在班级内有意识地设置一部分属于大家的共同财物，交给学生自己管理与使用，这是培养学生集体主义精神的又一种行之有效的形式。由于这些财物是由师生们共同创造（以集体劳动、凑集、捐献等方式）、共同管理、共同享用的，因而它既属于集体每一个成员，又同时属于大家，但谁也无权像支配私人财富一样来支配集体财物。这些公有财物可以是保温桶、小书柜、公用墨水、窗台花盆、班级报纸、互助储金等等。就班集体的日常教育而言，班上长期拥有这些集体财物，无疑为班主任提供了大量"随机教育"的可能：

每天争取往保温桶里灌开水，当开水不多时先让别人喝；尽可能多捐出图书，爱惜小书柜里的图书；课间休息时，留意一下讲桌上的公用墨水是不是该换了、窗台上花盆里的花是不是该浇浇水了……这些看起来微不足道的小事无一不反映出学生集体主义情操的高尚。公有财物不仅有助于学生形成爱护集体财产如同爱护自己眼珠一样的品质，还把集体利益与个人利益结合在一起，在管理、使用的过程中强化了学生"我是班集体的主人"这一意识。

非常时期的集体主义强化教育

（1）在竞赛活动中让学生体验集体的成功　学生的集体荣誉感常常是在不断肯定班集体的成功中形成的，而学校开展的各项活动正是学生创造和体验班级成功的适宜载体。因此当学校布置活动时，首先要发动学生积极参与：你不仅是为自己争光，也是为班级争光，每个人的表现关系到班集体的荣誉，并引导学生做好相关准备，努力争取班级出成绩。在活动过程中要尽量让更多的同学参与，如有的同学没 有直接参加体育比赛，就让他们加入拉拉队、服务队等。这样参赛的学生能感受到集体的力量，没有参赛的同学心里也时刻装着班集体的利益和荣誉。每一次活动之后，都要进行总结，细数每个同学的表现以及所取得的成绩，最后都不忘说这些成绩的取得和全班同学的努力是分不开的。通过这样一次次的引导，学生的集体荣誉感得到了不断的强化。

（2）在消极事件中挖掘集体主义的教育因素　举例说明：一次放学后，几位小朋友在教室里玩纸飞机，玩疯了，把桌子凳子搞得歪歪斜斜的，有的凳子歪倒在地，废纸丢了一地，玩完后他们就不管不顾地走了。老师刚走进教室看到这一情形的时候，非常生气，可不一会，心中便有了主意，先把倒在地上的凳子扶起来，把桌子凳子放整齐，然后把地面打扫干净。第二天老师在教室里表扬做好事的"同学"："昨天有几位同学在教室里玩纸飞机，把地面搞得很脏，凳子倒了，桌子也歪了，班里差点被扣分。幸好有几位同学很关心集体，爱护集体的荣誉，他们悄悄地把教室课桌和凳子放整齐了，把地面也扫干净了。大家看看，现在我们的教室是不是很干净、很整齐？"有几个学生红了脸，低下了头，其他同学你看看我，我看看你，大家都在猜测究竟是谁做了好事？接着老师又问大家："你们愿意向谁学习呢？"同学们纷纷举起小手回答："向悄悄做好事的同学学习""学习关心爱护集体荣誉的同学""不能学玩纸飞机的几位同学"……这次应用"谎言效应"收到了意想不到的效果。从这件事中，让人深深地体会到，如果能够运用教育智慧挖掘消极事件中的积极因素，有时能起到"化腐朽为神奇"的作用。在积极事件中扶持集体主义的萌芽。

7. 在班级管理中进行集体主义教育

由于现实中独生子女比例较大，家庭教育不到位，使小学生普遍存在着团队意识差、互助意识差、缺少合作精神等现象，如果教师，特别是班主任老师也忽略学生生活中的一些小事，就会加剧造成小学生不能养成良好的社会公德意识，缺少集体主义精神。从孩子的发展角度来说，学生已能明确意识到自己是班集体中的一名成员，能逐步把集体的要求转变为自己的要求，把班集体的荣誉当作自己的荣誉，服从集体的要求，完成集体所交给的任务。

集体主义教育

从孩子的发展角度来说，学生已能明确意识到自己是班集体中的一名成员，能逐步把集体的要求转变为自己的要求，把班集体的荣誉当作自己的荣誉，服从集体的要求，完成集体所交给的任务。

在这个时期，班集体内部成员也逐渐分化，一部分各方面能力较强的儿童开始崭露头角，成为班上各项活动的积极分子，逐步成为集体的重要支柱和教师的得力助手；另一部分儿童则成为班里的基本群众，这就是小学儿童的班集体在组织和纪律上得到巩固和加强，形成真正的集体。针对学生特点，我们可以从以下几个方面进行实施：

（1）制定班集体共同目标　目标是一定时期内对集体或个体的行动所期望达到的结果，它对全班学生的活动、行为具有明确的导向作用。根据《小学生守则》、学校的教育要求和本班学生的具体情况，引导全班学生设定班集体的共同目标，简明、精炼地概括为"团结，勤学，活泼，守纪"八个字。使学生认识了这个班集体共同目标的内容，明确了自己行动的方向，并努力用自己的行动去实现共同目标。

（2）当好班集体领路人　班主任作为班级的组织者和领导者，是学生健康成长的领路人，在培养良好班风中起主导作用。小学阶段是人生极具可塑性的未定型时期，小学生总是把班主任作为自己学习和效仿的楷模。小学生只有爱他们的班主任，才有可能爱班集体。因此，肩负着为人师表的神圣职责的班主任，育人必须先育己，要努力塑造自己崇高美好的人格形象和学术形象。

（3）培养班级小干部　培养良好的班风，光靠班主任完美形象的力量是不够的，在班集体的共同目标设定之后，要使每个目标得到全班学生的拥护和认同并进行实现，还要组建一个坚强有力的班队干部班子。

班队干部是班集体的"龙头"，在带领同学实现目标中，起着表率和桥梁的作用，培养一批优秀得力的班队干部，是建设一个团结友爱、积极向上的班集体的关键。在组建干部班子中，首先要认真挑选干部。班队干部应具备三个标准：

①有热爱集体、为同学服务的思想

②有踏实工作、认真负责的精神

③有勤奋好学、道德优良的品质　班队干部的能力是靠实际锻炼和班主任教育培养出来的。教育培养学生干部，要坚持做到：严格要求不护短，耐心帮助不急躁，大胆放手不包办。班队干部的素质提高了，能力增强了，威信树立了，就会成为班主任的得力助手，为培养良好班风起了核心的作用。

（4）培养集体荣誉感　集体荣誉感是一种无形且有效的约束力量，在一个形成了集体荣誉感的班级里，谁做了有损于集体荣誉的事，谁就受到集体讨论的谴责，从而使每一位学生感到，做了损害集体荣誉的事是一种耻辱。这就促使他们为维护集体利益，服从集体需要，去努力弥补自己的弱点或缺点。

同时，集体荣誉感又是一种巨大的激励力量。谁能为集体争光，谁就会得到同学们的尊敬和爱戴。它促使每一个班级成员自觉地为维护和争取集体荣誉，不怕困难，不计个人得失而奋发努力，并以能为集体出力、争光而感到由衷的喜悦和自豪。如何进行集体荣誉感的教育：

①明确什么是集体　集体有大小之分，小集体必须服从大集体。

②认识个人与集体的关系　集体的荣誉，靠这个集体所有成员的自觉维护和共同创造。

马克思说:"只有在集体中,个人才有获得全面发展其才能的手段。"对培养同学们关心集体,要对集体有责任感与荣誉感等,单凭讲大道理他们不一定能理解、明白,因此需要教师结合具体内容加以讲解,比如关心集体、团结同学,为同学服务,可以从身边的小事说起,从他们的一些具体行为中加以引导,如:做值日时地要扫干净,桌椅要摆放整齐,黑板要擦干净,放学后要关好门窗等这些便是关心集体的表现;与同学不吵嘴、不打架、不要为小事斤斤计较,要学会谦让,如果有同学上学忘了带笔,那么你有多余的一支便可以借他用用;如果有同学呕吐了,你就帮着把地扫干净,这是团结同学为同学服务的一种表现。让学生明白这些道理,引导学生在每一个细小的行为中培养一种好的习惯,他们便能主动积极地去做了。

总之,对小学生进行集体主义思想教育,培养他们的集体荣誉感,使每个学生都能自觉地关心集体,热爱集体,把自己的一言一行与集体荣誉联系起来,为集体出力作贡献是 21 世纪合格的建设者和接班人的重要品质。

培养学生的集体主义观念

集体主义,简言之,就是一种一切从集体出发,把集体利益放在个人利益之上的社会主义、共产主义的基本精神。一个集体主义观念较强的班级,全班学生往往朝气蓬勃,奋发上进,互相砥砺,凝聚力强,学习和各项活动卓有成效;同时也能减轻教师的负担,特别是使班主任从繁忙的事务中解脱出来,把精力集中在教育、教学的研究上。

因此,班主任在培育学生崇高品德和美好情操时,应把培养学生的集体主义观念放在重要位置。就培养学生的集体主义观念,主要采取了以下几个做法：

（1）在参与班级管理中，培养学生的集体主义观念　在全面实施素质教育的今天，班级工作应最大限度地依靠民主管理，班主任应充分调动每个学生的积极性，让大家施展才华，经受锻炼，增长才干。这样学生在参与班级的管理中，才会逐渐增强主人翁责任感，懂得珍惜集体的荣誉，在平时的言行举止中，就会更主动更自觉的关心集体的工作，维护集体的利益。

苏联著名教育家苏霍姆林斯基说过："让每一个学生都抬起头来走路！"我们的班主任应放手让学生以主人翁的身份去管理班级，多用心，少出力，把学生看作教育过程中能动的主体。

（2）在文体活动中，培养集体主义观念　一次成功的集体活动，可以激发学生对班集体强烈的向心力，大大增强学生的集体主义观念。

班主任应该充分抓住开展每一次文体活动的机会，精心设计策划，精心组织实施，让学生在活动中逐步认识到个人与集体的关系，体会到只有将个人的才智融会于集体的事业之中才有意义，才有价值。

（3）在互助活动中，培养集体主义观念　人生在世，困难、挫折、失败总是难免的，在一个班集体中，总有需要援手帮助的学生，班主任应抓住时机，动员大家奉献赤诚之心，培养学生高尚的情操，让处于困境中的同学感受到集体大家庭的温暖。在人世间，感情总是相互的，得到了集体的爱，同学们怎么会不更加爱自己的集体呢？

（4）在舆论宣传中，培养集体主义观念　正确的舆论是个人和集体发展的巨大教育力量，是学生进行自我教育的重要手段，它对学生的言行具有极大的约束力，同时又具有无形的导向力。利用舆论来培养学生的集体主义观念，能够开创"好人好事有人赞，坏人坏事有人抓"的局面。

爱，首先意味着献出，意味着把自己心灵的力量献给所爱的人，为所爱的人创造幸福。班主任在教育和组织学生献爱心的时候，要向学生反复强："人人为我，我为人人"，"一人为大家，大家为一人"，"一人为全班，全班为一人"的意识。同学们这样想，这样做，与他人、与集体的关系就融洽和谐，就会更主动自觉的去关心他人，关心集体。

马克思指出："只有在集体中，个人才能获得全面发展其才能的手段。"愿我们的班主任用自己的聪明才智，用自己的满腔热情，融百川入大海，培养出一批批具有高尚的集体主义观念的社会主义事业的建设者和接班人。

培养学生集体主义道德意识

我们知道，小学生幼稚、单纯，容易接受积极健康的思想教育。但是，他们由于鉴别是非好坏的能力较弱，也容易受到社会上不良思想的影响。

现在社会上不少人受"拜金"主义影响，群众中有一般专讲"实惠"的思潮，它在不同程度上影响了部分小学生的思想，致使孩子们不关心集体，不愿为集体出力，不肯为集体做事。在我国改革开放的今天，培养具有良好的心理素质、热爱集体、乐于奉献的一代新人，显得尤为迫切、重要。为此，教师必须重视小学生集体主义道德意识的培养。

（1）教师以身作则言传身教　美国教育心理学家索理认为："学校、班级是一个社会团体。"在小学里，"全班是一个正常的初级的社会团体。"如何能使这个"社会团体"中的成员沿着社会所希望的正确方向健康成长，起关键和决定作用的人，应该是这个

"社会团体"中的领导者即教师。

为培养学生的集体主义思想，教师首先就要热爱为集体、为国家培养人才的教育事业，热爱学校，热爱每一位学生，在学生中树立教师的光辉形象，以自己的一言一行去影响和教育学生。

（2）教师采用正面教育方法　小学生思维的特点是以具体的形象思维为主要形式，向抽象的逻辑思维过渡。根据小学生这一心理特征，我们对孩子们进行集体主义道德意识教育，切忌空洞说教，而要密切联系他们的思想实际，采取形象化的正面教育方法。

（3）教师组织学生集体活动　在活动中增强学生的集体主义意识，小学生好动，情感表现比较明显，我们可以围绕爱祖国、爱学校、爱班级等主题开展班队活动。在班队会上，全班就是一个大舞台，使每个学生都有发挥智慧、作用的位置，人人参与，让集体主义精神在每个学生身上闪光。

小学生的集体主义道德意识教育是素质教育的重要组成部分，必须从小抓起，从小事抓起，而且要坚持不懈抓得深细，一定要抓出效果来。

培养学生的集体主义精神

随着现代社会的发展，全球经济与文化逐步一体化，人与人之间共同协商、共同协调、共同协作的机会越来越多，所以培养学生的集体主义与团队精神是新课堂里的一个极为重要的课题。而对于中学生来说，他们正处于人生观、世界观及各种心理品质能力的形成时期，进行集体主义的培养十分必要且有效。

（1）强化集体观念

（2）形成健康班集体舆论某次

（3）引导学生理性思考

在教育工作中，班主任工作是一项系统的工程，它看似微不足道，实质却有着举足轻重的意义。在现代理论教育下，为了达成一定的教育目标，往往需要班主任对班级工作做出整体的计划决策、组织实施、检查督促和总结提高。

班主任是班级的组织者、教育管理者，在学生全面健康的成长中，起着导师的引路作用。一个良好的班集体，可以对其成员进行强有力的感化，影响和控制作用，它是班主任完成各项教育任务的坚实基础。

集体这个概念，就其最一般的意义来说，它并不是单个人的简单相加，而是指由某种共同的纽带联系起来的人们的集合体。集体是学校教学工作的基本组织，教师的教与学生的学主要是在班集体中进行的。因此，它也是影响教与学的一个外部变量。重视班集体的培养，对顺利完成教育教学工作和促进学生的全面发展都是有利的。

学习是学生的主要任务，要完成好这一主要任务，常常是以常规的课堂教学形式进行，要使学生德、智、体、美、劳全面发展，除了课堂教学渗透教育，各种各样有益活动的开展就有如一副兴奋剂，给学生的常规教学活动起到了调节的作用，并活跃了常规教学的形式，使学生学得轻松，愉快，更易于接受事物，从而收到更好的效果。

如何通过各种活动的开展，培养学生的集体主义精神，保证教育教学工作的顺利进行，促进良好班集体的形成，所述如下：

（1）正确引导，重视培养 使大家明确集体是由个人所组成，集体中每个人力量发挥的程度影响集体的力量，集体中所有成员都积极发挥个人的力量，并能齐心协力，有机地配合，集体力量就得以增强。只要大家齐心合力，依靠集体，就能把事情做好。

（2）抓住时机，及时教育　在我国学校，集体主义的舆论是在开展各种活动过程中逐渐形成的。教师必须善于抓住一切有利时机及时进行集体主义教育，才能寓教于活动中。

现在的学生多数是独生子女，在家是小皇帝，个性以自我为中心居多，对于低年段的学生，集体的观念更是薄弱，他们对集体的认识很模糊，所以他们并没有意识到自己的一言一行会对班集体产生多大的影响。他们做事往往是我行我素，不顾后果。其实，凡有点集体荣誉感的人都想为集体争光的。

（3）通过分组，进行教育　班级集体是由许多成员组成的，把班集体分割为小组不是目的，而是通过小组开展活动，以及对班成员进行集体主义教育，达到整个班集体的团结，这才是最终的目的。

班集体所有成员通过各种活动的开展，并对其进行集体主义教育，形成正确的舆论，是建立良好班集体的有效途径。学生只要有集体主义精神，就能自觉遵守各项规则，就能使班集体更加团结，更能促进班成员的健康成长。

培养孩子的集体主义精神

传说释迦牟尼曾经问他的弟子："一滴水怎样才能不干涸？"弟子们答不上来。释迦牟尼说："把这滴水放到大海里，它就永远不会干涸了。"当代著名作家巴金先生说："每个人应遵守生的法则，把个人的命运联系在民族的命运上，将个人的生存放在群体的生存里。"这些古今中外的至理名言长期以来在教导着人们，在锤炼着中华民族"团结统一"的集体主义精神。

《资治通鉴》记载着这样一个故事：我国古代一个游牧民族吐谷浑的首领阿柴有 20 个儿子。他们拥有各自的地盘和军队，互不服气，闹分裂。阿柴病重临终前，把儿子召到床前，给他们每人一支箭，让他们把箭折断。每个儿子都很轻易地办到了。阿柴又给每个儿子20支箭，让他们将这整束箭一起折断，他们没有一个办得到。阿柴就此开导儿子们：现在你们兄弟不和，每个人就像一支箭，很容易被敌人各个击破，如果你们兄弟团结，则如一束箭，没有人能宰割得了你们。这就是"单者易折，众则难摧"啊！

培养孩子的集体主义精神，就要在日常生活中教育孩子热爱集体，关心集体。家长要告诉孩子：集体并不是一群人简单地凑合，每个集体都有自己的组织机构和活动规则；同一个集体里的人有一致的行动和共同的目标。为了实现这一目标，集体里的每个成员就应当关心集体的壮大，爱护集体的荣誉，为集体的成功而贡献自己的力量。如，小A就读于某大学附中一年级，是个德、智、体全面发展的好学生。学期结束时，他被学校评为"学有特长"优秀学生，获得了50元奖金。他自豪地把这件事告诉了爸爸，并要把50元奖金交给爸爸。爸爸兴奋地说："这个消息真使我和你妈妈感到高兴。50元钱是学校奖给你的，你自己去处理吧！但要想想怎样用才最有意义。""怎样用呢？"小A反复考虑着这个问题。买东西送给奶奶？她一定不肯收。买些学习用品？自己的学习用品已经够多了……想来想去，总是拿不定主意，只好把钱交给妈妈保管。

小A的父母对这钱倒是挺认真。一个星期后，他们对小A提起此事。听了孩子的一些想法后，爸爸启发小A说："我们家里并不缺这50元钱用。你的心意我们领了。你的进步给了我们极大的满足，这才是爸爸妈妈所需要的。你的进步，是和学校、老师、同学对你的帮助分不开的。你再想一想，这50元奖金能为集体、为别人做些什么吗？"爸爸的一番话，打开了小A的思路。他想起了昨天报纸上登的一则消息：一位获得5000元奖金的优秀教师将全部奖金捐给了"希望工程"。我应当向这位老师学习，将50元奖金献给集体。并有了一个好主意：建议班上发动同学捐书，在教室建立图书角，自己将这 50 元献给图书角买书，虽然只能买几本书，但是能让全班同学读，那多有意义啊！

他把这个想法告诉了父母，爸爸连声称好，妈妈高兴地将他抱住，赞扬他能为集体着想。

50 元钱并不多，看起来是小事，但是小 A 的父母却通过这件事让孩子懂得"大家爱你，你更要爱大家"的道理，从而增强了他对集体的热爱。这是多少钱也买不到的啊！

目前，我国青少年中独生子女占大多数，他们中的一部分人存在着比较严重的自私自利、以自我为中心的不良心理。家长和学校要互相配合，加强集体主义教育，培养孩子的集体观念，使他们自觉维护集体的利益，努力为集体服务，把爱心、诚心献给集体。同时，也要让孩子们懂得：个人的进步和成功离不开集体的支持和别人的帮助，"一个篱笆三个桩，一个好汉三个帮"，在战胜种种困难的前进道路上，总是集体给予每个成员信心和力量。

综上所述，教育孩子认识集体力量的伟大，经常向孩子询问学校、班级的情况，了解其对集体的态度，因势利导地教育孩子热爱集体、关心集体，正确处理好个人与集体的关系，将个人融于集体之中，服从集体的决定，维护集体的利益，是家庭教育的重要内容，也是孩子能够健康成长的必修课。

8. 在班级活动中培养学生集体观念

合作小组的异质性决定了学生在共同活动中必须做到相互督促、

相互帮助，因为在小组学习中，学生不但要为自己的学习负责，而且要对小组其他成员的学习负责，体现出"人人为我，我为人人"的意识要求，小组的成功也只有在小组所有成员都达到既定的学习目标时才能获得。对这种成功进行评价的要求及学习小组的异质性，为培养学生的集体观念提供了很好的环境。如何利用这种环境培养学生的集体观念呢？

材料分发

在分发学习材料时，每个小组只发给一份材料或几份不同的材料，在这种情况下，学生为完成学习任务，就必然向他人索求所需材料。为了向他人索求材料时不致遭到拒绝，小组成员就要正确对待他人的索求，否则每个成员的学习目标都无法实现。在使用材料的过程中，小组成员只有注意做到尊重他人、帮助他人、理解他人，才能最大限度地发挥材料的作用，共同达到学习目标。长期坚持下去，就可以促使学生逐步养成不仅关心自己，而且尊重他人、关心小组其他成员的思想意识。

作业收交

要求每个小组只交一份作业，包括实验报告、作品或一般的书面作业等，每个小组成员都要在上交的作业上签名，以表示同意这份作业的结论，并能解释为什么会得出这个结论。上交作业可由小组成员轮流执行，提供均等机会。共同完成这一份作业的过程中，学生需要互相讨论、争辩，取长补短，集中小组成员的群体智慧。在争论、讨论过程中差生可随时提出各种各样的问题，由于讨论与作业同步，所以其他小组成员可以及时地解决，带动小组成员共同完成作业，以达到预定的学习目标。通过集体完成作业，增强学生参与集体活动、关心集体活动的思想意识。

小组评价

教师依据各小组对学习目标的掌握及小组的成员进步等情况定期对学习小组作出综合性的评价，并对优秀组和超级组进行奖励。这种小组成功只有在小组成员真心合作、互相帮助的共同努力下，才有可能取得。要使学生明确只有依靠集体力量才能取得成功、达到目标，增强学生的集体观念。

培养学生的集体观念并不排斥培养学生的竞争意识，这种竞争是组与组间的竞争。只有学生具备较深层次的集体主义观念，这种竞争成功的可能性才更大。

经常的、合理的评价，可使学生的竞争意识不断得到增强。具体的评价可从以下三个方面进行：

（1）小组评价　教师应在每堂课或某一学习内容结束后，对学习小组的目标掌握情况及时作出评定，定期对学习小组的评定汇总，对各小组作出综合性评价，分为一般组、良好组、优秀组、超级组四个等次。还要给予优秀组和超级组一定的精神奖励，如自制奖状、上光荣榜、挂红旗等，激发各小组奋勇争先的积极性，形成组与组间明争暗赛的竞争局面。

（2）组内成员评价　由教师及各学习小组共同依据小组成员的进步变化情况对其作出评价，增强学生个人进取向上的竞争意识。

（3）组间学生评价　教师应定期对全班学生进行分类评价，让优秀生与优秀生相比，一般学生与一般学生相比，差生与差生相比，比变化幅度，比学习成绩。使每个学生竞争有对手，追赶有目标，促使学生始终处于竞争状态中，强化其竞争意识。

9. 多渠道加强学生集体主义教育

强化课堂主渠道

教师要教育学生尊重他人，理解他人，帮助他人，逐步养成无私奉献精神，自觉维护人民群众的利益，不断培养学生全心全意为人民服务的高尚情操.，以高度的主人翁意识和无产阶级的世界观、方法论去观察问题、分析问题的能力，正确对待社会，正确地对待他人，正确地对待自己。

（1）依据德育教育　1993 年，国务院印发《中国教育和发展纲要》一书，提出用"马列主义、毛泽东思想和邓小平建设中国特色社会主义理论教育学生，把坚定正确的政治方向摆在首位，培养有理想、有道德、有文化、有纪律的社会主义新人，这是学校德育的根本任务。"

依据德育教育的要求，并结合学生实际情况，规划出集体主义教育的蓝图，学生能够自觉遵守集体纪律，维护集体荣誉，关心集体，爱护公物，尊重师长，团结同学。

（2）紧扣教材渗透点　在教学过程中，结合学校德育渗透要点，及时对学生进行集体主义教育，不断培养学生集体主义情感，增强集体主义信念，提高集体主义觉悟。今天，每个青年学生都生活在集体中，都应该认真履行自己的社会责任，甘愿为集体增光添彩。

（3）处理个人与集体关系　集体是个人成长的摇篮，它为个人的成长提供了必不可少的条件，如果脱离了集体，个人就成了无源之水，无本之木。个人是组成集体的最基本因素，集体的发展要靠每一个成员的努力。这就如同一座高楼大厦要由一块块小小的砖头砌成一样，所以说，个人是组成集体的活细胞，没有这样一个个活的细胞，就不可能有任何集体的存在。

（4）利用好主题班会　主题班会是班会的一种类型。它是全班学生在老师指导下，围绕一个主题开展的一种生动活泼的自我教育活动。它既是对学生进行集体主义的有效途径，也是形成和巩固集体的重要手段。

开展二课活动

组织丰富多彩的课外活动是对中学生进行集体主义教育的重要组织形式，它对完成中学教师的教学任务起着必不可少的补充作用。

（1）组织兴趣小组，延伸集体主义教育　组织兴趣小组活动的目的是让学生更好地认识自然和社会，激发爱国主义热情，增强集体主义情感。现代意义上的兴趣小组，不可能像课堂教学那样具有统一性，而是表现为多种多样的内容，如文化科技活动，文艺体育活动，学生社团活动，读书演讲活动，社会政治活动等。多种多样的组织层次，有全校性、全年级或全班的，也有小组的等。

（2）举办艺术节，深化集体主义教育　我们学校每年举办"金秋"艺术节。在艺术节期间，除了作品展、摄影作品展、小发明创造展及大型文艺演出外，还组织诗歌朗诵、"我为学校添光彩"演讲比赛等丰富多彩的活动，这些活动既发挥了学生特长，又增加了学生乐趣，无不闪烁出集体主义光辉，从而深化了集体主义教育的意义。

（3）开展社会实践，升华集体主义教育　社会实践是使学生巩固、加深、扩大知识面，充实丰富精神世界的"第二课堂"。组织学生参加社会调查、参观访问、社会服务以及与社会上有些单位共建文明等活动，帮助学生了解集体，认识社会，把理论和实践有机的结合起来，从感性知识上升为理性知识，加强了思想深度，提高了认识水平。

多方面入手

（1）建立良好的学生集体　加强集体主义教育，正如马卡连柯指出的那样："只有建立了统一的学校集体，才能在儿童的意识中唤起舆论的强大力量，这种舆论的力量，是支配儿童行为并使它纪律化的一种教育因素。"

（2）用集体主义精神调节言行　青少年学生性情活泼好动，精力旺盛，难免在课余生活中做出一些"出格"的事来，我们要适时把他们的积极性和志趣引导到正确的方向上来。

（3）开展形式多样的集体活动　从小养成热爱集体、联系群众、乐于助人的品德和习惯，有利于形成"心中有他人，心中有集体，心中有社会"的集体主义观念。

（4）实施集体主义教育　从组织集体到集体活动，都离不开学校为其提供必要的物质设备，全体教师尤其是班主任，更是集体活动的直接组织者和指导者，他们的作用是更好地发挥学生的主体作用和积极创造精神。

加强学生集体主义教育，是时代要求，是广大教育工作者义不容辞的责任，我们要高扬集体主义这面正确价值导向的旗帜，抵制个人主义思想，使人们重建社会主义的精神家园，造就一大批社会主义的建设者和可靠的接班人。

10. 借现代技术培养学生集体主义精神

充分运用现代教育技术，加强健康教育，培养小学生的爱国主义、集体主义精神。

现代教育技术的教学方法，手段生动活泼、新颖多样，克服了过去老师边示范、边讲解的传统的体育教学模式，现代教育技术的使用既符合小学生的求知欲、求新的心理特点，又能创设比较好的情境和情绪体验，引起并保持小学生的注意和兴趣，从而能够激发小学生学习的热情，调动小学生学习的积极性。

如：小学体育教材中跨越式跳高的教学中，怎样才能吸引小学生？通过上网下载几位获得世界冠军的跳高运动员整个跨越式跳高动作的完整过程，用在导入课前先给学生放映展示，同学们看到优美的动作，不禁摩拳擦掌，情绪兴奋，禁不住赞叹起来，再配上飘逸的慢动作示范，加上教师的导语配合，使学生产生好奇心，吸引小学生的注意力，激发他们的学习兴趣。

因此，在体育课教学中，适时适度地运用多媒体，把涉及的重点内容的有关课件展示出来，既能起到让学生领会动作的作用，又能吸引小学生的注意力，从中激发小学生学习的热情，使小学生积极投入体育课教学中。

学校体育的目的是培养学生的终生体育意识，为今后学生走上社会打下良好的基础。但现今的学校体育教学只是在课堂上进行，教师传授的知识是有限度的，如何增加学生健康知识的储备，便成为现今需要解决的问题。

现代现代教育技术集音、像、动画于一体，生动形象，在吸引学生的注意力与创造力方面，具有与其他教学手段所不可比拟的优势。图文并茂的现代教育技术使抽象的理论生动化、具体化，让学生在网上查阅一些关于体育健康方面的常识，教师可以在课堂当中提出一些学生在实际生活中的一些问题，学生也可以自己就体育锻炼中的一些问题在网上查询，这一过程不仅激发了学生的学习兴趣，同时也潜移默化地对学生进行了健康教育，培养了学生的探索精神。

如观看集体项目的比赛时，体育教师在讲授游戏的同时，特别向小学生强调互相配合，发扬团结协作的集体主义精神。组织小学生观看重大的国际比赛，如奥运会、亚运会、世界乒乓球锦标赛等，当运动员经过顽强拼搏取得胜利，五星红旗在赛场冉冉升起时，使小学生在潜移默化中受到爱国主义、集体主义教育。

总之，现代教育技术在体育教学中的运用，给我们的教学工作输入了新鲜的血液。它是一种高效率的现代化教学手段，有利于激发学生的学习兴趣，在课堂中我们如能合理运用现代教育技术，亦可化抽象为具体，突破教学的重难点，提高学习效率，起到事半功倍的效果。随着信息化社会的来临，现代教育技术作为本世纪教育中最引人注目的成果和人类智慧的结晶，已经并将继续深刻地改变传统的教学观念、教学技术、教学方法和教学手段。抓住机遇、勇于创新，提高现代教育技术在体育教学过程中的应用比例，这将会给学校体育教学工作带来新的契机和挑战。

11. 政治教学中的集体主义教育指导

建立良好的班集体

（1）做好准备　由于班级成员来自不同的班级，各自性格，学习习惯等没有表现出来，班主任及任课教师对他们应观察了解，形成感性的认识。此时的班级是一个松散的集体，学生大多互不了解，班干部临时指定，同学之间关系不够融洽和谐，缺乏凝聚力，易形成小圈子。针对这样的情况，应着重对学生进行调查研究，由感知上升到理知，尽量找机会让学生的多方面能力充分发挥出来，表现其特点。

（2）因材施教　针对所建班级的特点，对学生进行集体主义、集体荣誉感的教育。可以通过主题班会，组织集体活动等形式，对学生进行教育。比如主题班会"我爱我家"，"人人要自尊、自爱"等。让学生谈对新班级的认识，明确自己的位置和自己的言行对班级产生影响，努力做到一举一动应维护班集体的荣誉，树立集体主义观念，使之明确集体对于每个人的重要性。

（3）做好教育　态度教育是指对学生的劳动态度、学习态度、生活态度、服从态度等方面的教育。一些学生存在一些不正确的态度，如对学习敷衍了事，对劳动拈轻怕重，对生活玩世不恭，对集体漠不关心，对校纪校规，对老师的教育置之不理等。这就要求班主任在班级初建之期应着重观察、调查、研究，针对班级学生出现的不良现象给予科学的引导和正确的处理，在劳动过程中应注意观察劳动场景对出现的情况、现象既可及时指出，也可在劳动后进行全班总结，对在劳动中认真负责、积极劳动、吃苦耐劳、互相协作的同学应及时地进行表扬，号召大家向这些同学学习，对那些劳动时躲避、怕累、不愿吃苦等不良现象加以分析讨论，帮助学生树立正确的劳动观，并使之升华为一种自发的劳动态度，从而建立起"我为人人，人人为我"的思想。

学习教育，对学生进行学习目的教育，可利用祖国的悠久历史、先进的人物事迹、个人前途与社会命运的关系等内容对学生进行教育，使他们明确学习目的，端正学习态度，一步一个脚印，踏踏实实地学好各门功课，掌握科学文化知识，才不会成为未来社会的"多余人"。

纪律教育的实质是思想、政治、组织和道德的教育，中学阶段是青少年长身体、长知识的时期，是对他们进行道德情操、心理素质和行为习惯教育的最佳时期，也是为他们树立科学的人生观、世界观和形成思想、政治态度奠定基础的重要时期，抓住这一关键时期的教育，将对他们的一生起着重要的积极作用。

首先是爱国主义、社会主义、集体主义的教育，应逐步确定学生正确的政治方向和政治观念的基础，把这一教育放在首位。

其次对学生进行社会主义民主、法制教育，应结合政治课，通过参与班级管理工作和一系列教育活动，培养学生的民主意识和主人翁精神，增强法制观念。

再次是对学生进行日常行为规范的教育，积极引导学生从集体事情做起，从小事做起，从点滴做起，严格要求，并让家长配合，从而培养良好的行为习惯。

（4）动之以情　有些学生由于性情的偏激，逆反心理的严重，对老师和家长的教育置若罔闻、我行我素。这对一个良好班风的形成也是有害的，同时对学生的身心健康也是有害的。班主任要积极研究这类学生的心理表现、语言、行为表现。针对出现的不良现象及时指出，从感情上接近他们，感化他们，承认学生的自尊，让他们认识到老师除了威严以外，还有接近的地方，这样才会扭转学生的心理、思想，从而取得教育学生的良好效果。

做好学生的转变工作

（1）培养学生的积极心态　积极心态是指人的一种良好的心理

状态，我们班级中那些较调皮的学生，对待学习马马虎虎，对人对事及不负责，容易消沉，有时用一种过激的行为处理极小的矛盾。作为班主任应引导学生，以自己全部人生经验，教诲这些学生努力转变心态。当今社会有着优越的社会制度，这种制度为人的成功，创造性和幸福提供了广阔的天地。每人都应尽力为这个社会奉献自己的青春、智慧，并获取生命的价值。同时这种社会制度又决定我们必须首先为他人，为社会作出贡献，才能得到回报。因此得到人生的快乐，让忠诚、正直、乐观、勇敢、勤奋、创造、机智、容忍和通情达理成为学生积极心态的一部分，为此不断激励他们为着崇高的人生理想而奋斗，尽快转变自我。

（2）挖掘每个学生身上的闪光点　人人都希望从别人那里得到肯定，都希望别人承认自己的优点，这可以说是人性的优点，但不幸的是，我们往往看到的是别人的缺点，喜欢戴着"有色眼睛"去看一个人，这又是人的弱点。班主任应全面了解学生，平等地对对待每一位学生，客观地评价每一位学生，看到哪怕是最差学生的身上的优点与不足，努力化缺点为优点，并让这些优点在集体中闪闪发光，这对学生克服自卑所导致的逆反心理有无比重要的意义。

假若我们都学会爱护、理解和尊重学生，正确看待学生身上的不足，我们就会分享到学生进步的快乐。

总之，我们无法回避我们的责任，树立良好的班风仅仅只有班主任的细致周到还是不够的。我们只有努力完善自己，从人格、心理到学识，用一个成功者的形象激励自己，把学生当作自己的孩子，使之成为新世纪德才兼备的有用人才。

12. 在数学中培养学生集体主义观念

数学并不是一门枯燥乏味的学科，它实际包含着许多美学因素。古代哲学家、数学家早断言："哪里有数，哪里就有美"。数学美的特征表现在和谐、对称、秩序、统一等方面。

比如圆是平面图形中最完美的图形，它的完美不仅在于它的完全对称性，而且在于它体现着一种伟大的精神即集体主义精神，这是因为圆本身就是把无数零散的点，有秩序地、对称地、和谐地、按统一的规律（到定点的距离等于定长）排列而成的封闭图形，就像一个和美的大家庭，每个成员都有自己的位置和作用，同时也遵循着集体的纪律。

由此应启迪学生，说学生就像圆上一个个孤立的点，所处的班集体乃至于整个社会就好比一个圆，集体的形象与荣誉与你们自己的努力是分不开的，若个人不遵守集体的纪律，不能正确处理个人利益与集体利益的关系，就会像不在圆上的点一样，游离于集体之外，也就得不到集体的温暖。这样用形象生动的语言将集体主义教育自然地渗透到学生的心田。

13. 美术教学中的集体主义教育指导

美术是基础教育课程的重要组成部分，是为基础教育培养目标服务的。所以《美术课程标准》明确指出："必须通过课程改革促进美术教育在我国基础教育体系中发挥更积极的作用，为国家培养全面发展的现代公民。"可见课改已经是迫不及待，势在必行的。

增加集体学习优势

没有观念的更新，就没有创新的行动。美术学习要创新，必须转变旧的传统观念，建立新的现代学习观。以前教学以教师讲授知识为主，现在必需向指导学生自学为主转变，树立"学生学会学习"的学习观。

传统教学采用填鸭式灌输知识，学生头脑被书本或老师框死，只会模仿，不会思考，而现代教学要求创新教案。如：《画汽车》一课。按照传统的教法是老师先分析讲解汽车的结构，然后讲解画法步骤，学生只是被动的模仿。而课改后，可以完全抛弃原来的教法。如：运用多媒体手段教学，采用直观启发教学，让学生首先提起兴趣去观察了解汽车，然后拿出自备的玩具汽车，分析汽车的组成部分，学生互相讨论每一部分是由哪些基本图形组成。学生分析透彻后，让学生自己动手画，老师只引导学生，这样就充分调动学生的积极性，让每个学生都参与进来，通过眼看、手摸、探究，学生也就不觉得难了。

教育家叶圣陶先生曾说过："教师的责任不在教、而在教学，教会学生学。因此，教师教学生学习的方法，让学生学会学习，应成为美术学科学习创新的主旋律。教师应打破传统的教学观念，提高和强化创新意识。"

激发学习积极性

在课改前，有些课的内容较难，偏向于专业美术学习。比如让五六年级的学生学习素描的明暗调子，写生的"环境色彩"学生很难掌握而且也不感兴趣，影响了学生学习的积极性。课改后，这些繁难的内容删掉了，减轻了学生的负担，增加了一些学生较喜欢、感兴趣的内容。如一年级教材中《泥巴真听话》一课。让学生通过玩泥巴玩出体会来，玩出东西来，搓一长条绕在手上当手镯，团个圆球当乒乓球、鸡蛋，几个同学堆一堆泥巴看看它像什么，充分体会玩泥巴的乐趣。这样，就降低了教材的难度，不像以前一年级教材中给个物体，你要仿照捏出来，这对于一年级孩子太难，既难学，又打消了他们以后学泥塑的积极性，所以现在的教材是充分考虑学生来安排的。

突出学生个性发展

教学活动是师生双边的活动，在传统的教学活动中，无论是教学目标的确定，还是教学过程的设计都是以教师的意志为转移的。学生的学习活动实际上是被老师牵着走，是一种被动的学习。学生的创造性、个性发展都被压抑了。因此，在教学过程中应把握学生学习的个性发展，学习的主动权交给学生。

教学活动以学生的学习为本，为学生的学习服务，才能够让学生在主动的学习过程中，有自我的发现、自我见解、探究的空间，从而培养出学生独特的个性。这就是新课改的理念，在教学实践中也是按如此要求去做的。比如《神气的小厨师》一课，让学生自己欣赏、讨论、动手制作，培养每个学生的创新意识，从而发展他们自己的个性，老师只是起着引导作用。

培养集体互动合作的精神

在传统教学中，大部分教材内容都是安排学生独立思考的作业。在课改后的教材中安排了很多的集体合作的内容。因为现在的学生大部分都是独生子女，在家都形成了自私、独占的个性，不懂得为

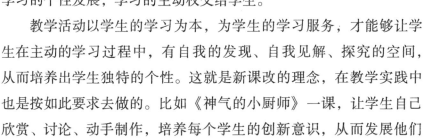

他人着想，关心帮助别人。而在课改后的教材中有很多体现学生主动、探究合作的课。比如《让大家认识我》这课是入学后的第一课，教学内容是让学生每人剪、撕一片树叶或果实，写上自己的姓名贴在树枝上，全班共同完成一棵大树的造型。

然后，要求学生介绍自己，这是通过集体游戏的教学方式，以每个学生剪的树叶组成班集体繁茂的大树，使学生在活动过程中不仅学得树的知识和剪撕的能力，还认识到自己是这个集体的成员，使集体主义精神通过学习活动过程扎根于思想中。

又如《大家一起画》这一课通过分小组画火车、海底世界等不同内容的画面，看看哪组画面内容丰富，合作得好。教会学生怎样去安排、布置、合作，这样让大家认识到这一幅幅漂亮的画面都是大家共同合作的结果，团结就是力量。比赛的过程也是培养学生竞争的过程，同时还是一个交往、审美的过程。而老师只引导组织课堂教学，适当帮助，充分发挥了学生的个性，又体现了主动、合作、竞争的精神。

总之，课改教材是适应现代培养高素质人才的需要，也是激发学生学习兴趣的动力，课改使师生关系处在平等的地位，从集体智慧力量中得到个性发展，使学生在审美观念上有更进一步的升华！

14. 体育教学中的集体主义教育指导

体育活动对于发展学生的社会适应能力具有独特的作用，经常参与体育活动的学生，在合作和竞争意识、探索创新能力、交往能力及对集体和社会的关心程度、自身行为态度的调控都会有所提高。

而且，学生在体育活动中所获得的合作交往等能力能够潜意识地迁移到日常的学习和生活中去。

随着体育文化不断发展和深入，体育活动成为人们日常生活必不可少的内容之一。体育活动除了有增强体魄、锻炼体质的功能之外，更在人们的精神生活领域充当着重要的角色，发挥着重要的作用。尤其对初中学生树立正确的人生观和世界观起着不容忽视的作用。体育活动促进他们提高组织活动的参与能力、探索创新能力，加强了他们的集体规范合作和竞争的意识，为学生进入社会创造了锻炼社交能力机会。

初中学生由于处在身心双重发展的重要阶段，生命力极其旺盛，好动、好玩、好奇是他们共同的特征，具有极强的可塑性。在学校鼓励健康运动、学生自发需求的促进下，今天的校园内悄然出现了一种由学生自发组织的体育活动的小集体。这些非正式集体的发展以及对它们的调控与引导，对学校体育工作的开展、校园文化的建设、学生素质的培养，乃至校园精神文明建设都起着重要的作用。

这让我们强烈地意识到指导他们活动，加强活动行为习惯规范培养的迫切性。为此，《体育与健康课程标准》要求大大拓宽原来体育的学习领域，将社会适应列为独立的一个学习领域，以增强学生健康为主要目的，促进学生在身体、心理和社会适应能力等方面健康、和谐发展。

认识这些集体的特征才能有效指导、引导它们发展的方向，切实培养参与者适应社会的能力。

体育活动中的小集体一般由几个爱好某项体育活动的学生出于对该项体育活动的热爱、兴趣及对某些参加同学的能力的认可而自发性的组织。由于形成的基础、结构、规模、行为规范与学校正式的体育队伍有很大的不同，因而也决定了这些组织既具有一般组织的基本特点，又具有与其他体育集体不同的特征。

集体成员具有较强的行为一致性和凝聚力

（1）成员组织上　这种集体内的成员的自由组合主要依靠情趣的一致，另外，他们也要求在志向、个性等方面也有很大的相仿性。他们往往是一群具有共同话题、兴趣爱好，在体育运动技能上有一定水准或要求在体育上有较高突破的学生集合在一起的。他们集合在一起一般是出于寻找亲密朋友、提高运动技能、满足自我价值得到认可等目的。因而这种情感的维系心理具有很强大的凝聚力。在这种凝聚力之下，成员自觉相互交流学习，共同探索创新，为这个集体争夺荣誉、创造成就，实现共同目标，前所未有的荣誉感使他们得到了精神上的愉悦、满足，从而在内心更加以加入这个集体为荣。这就形成了一个良性循环。

这种小集体的凝聚力还在于它们的"领袖人物"。这种"领袖人物"在集体中被公认为技艺超群、足智多谋，是能得到大家信任的人物，对集体中的成员有一种无形的吸引力和精神上的支配力，其他成员甘于受他们的支配进行体育运动，得到理想中的成就感和快乐。通过"领袖人物"这种人际关系、情感关系的牵制、带动，体育小集体就更加团结。

（2）规范意识上　任何正式集体都有明确的规则、规定和守则，以此来约束、管理和调控集体成员的行为。而作为非正式集体，由于是自发集体，他们在组织之初就没有完整的运作系统、管理部门，能够对成员起约束和管理作用的就是全体成员一开始组织该集体时的目标、爱好、兴趣等内容。而在此基础上建立的规范是全体成员内心的需求和共同的心声。违背上述内容、危及到集体其他成员时，相应的学生就会受到组内的惩戒，这是全体成员都默认的一条法则，它甚至比我们正式体育组织中的规则、规范更具效力。

学校正式的体育活动要计划活动时间、场地、合适的对象，体育赛事更要安排统一的时间、地点和对象，在人力、物力上消耗很大，而这种小集体的体育活动、赛事，就可以让他们自己安排空余时间开展，灵活机动。又因为是对该体育项目有兴趣的学生在参加，竞技能力、兴趣空前高涨，他们会全身心投入，钻研竞技方法，比我们强制他们去认识自己技能技术上的不足会更有效。

信息传递速度灵敏

由于这些小集体是自发组成的，它的成员来自各个学校内各个层面，跨年级、跨班级的现象数见不鲜。而由于这种复杂的人际关系，学校内的各种体育兴趣小组、体育赛事、体育竞技活动就会迅速在全校传递。相关的小集体成员都会很快达成共识，加入体育赛事。

社会适应能力增强

这些小集体的成员所表现出的团队的协作、竞争的意识，为集体的荣誉奋力拼搏的精神，自主制定规范约束个人行为的精神，尊重他人的精神是当今社会发展急需的社会能力，根据这些集体成员所具有的现有的精神品质和状态来讲，是极容易把他们引导成一个适应社会发展人才的。

（1）培养集体主义意识　上文我已经讲到这种集体的集体意识异常牢固，使得集体中的成员都以集体的荣誉出发，发挥团结协作的能力，这一点应该是值得肯定的。我们人类除了自然性以外还有社会性的存在，而社会性决定了人类的自我发展和强大。

体育活动小集体的成员有这种集体主义意识正合乎了人的这一最基本的特点。立足在这个基础上，我们可以让他们认识到紧密团结的集体才是摧不垮的集体，他们本身就有了深切的体验，只要稍加点拨，他们本来朦胧的意识就豁然开朗，再和其他学科领域的老师相互协作，为他们创造新的体验领域，加深他们的认识，让他们真正认识到"团结协作是一个团队生存的基础"。不过，这种集体意识发展到狭隘的小集团主义就要我们这些教育工作者注意并加以引导和调控了，否则会引起学校教育秩序的混乱。

（2）培养领袖人物集体主义意识　社会需要"服从者"，更需要"领导"服从者干事业的领导型人才，我们难道不可以有意识的在这些"学生领袖"中选拔素质比较好，自我要求比较高的学生加以锻炼，以适应社会的发展吗？学生自发体育集体内的"领袖人物"有特殊的威信，他们的决策、言行都决定着这个集体的变化和发展方向，可以说是"牵一发而动全身"。管理者要善于发现、准确把握这些人物的思想动态，做好他们的思想工作，这是调控学生自发集体的关键，做好该工作可以收到事半功倍的效果。

对于这种学生，我们在肯定他们的能力以外，要把他们放到更广大的学习领域中。我们可以看到这种"领袖人物"由于团队的需要，他在该团队从事的体育项目上是出类拔萃的，他花的时间也会相对较多，相比之下其他的体育项目就要显得光彩暗淡一些。把他放到不熟悉的领域，让他看到其他同学的长处，以检视自己的不足，加强他的竞争意识，让他意识到社会的领域是何其的广大，仅仅会一两个项目是远远不能适应目前社会多方面需求的要求的，把他那种傲慢和目空一切的意识和态度先压制下去。然后通过在其他领域培养他的踏实沉稳，不骄不躁的敬业精神，既培养了他成熟的领导风范，又适时调控了其他成员的心理状态，可谓两全其美也。

（3）培养小集体良好的交际能力　小集体内的成员来自各个学校、年级、班级，只要学生一旦加入体育活动中去，他们不可避免地受到规范的约束。要想与集体内成员和睦相处，除了共同的目标、爱好作为联系的纽带外，还需要各个成员之间相互谦让，善于表达自己的观点，又同时调控自己的行为和态度以照顾集体的想法和利益。这样才能长久地在小集体中拥有自己独有的地位，这就是我们所说的人际交往的能力。

在小集体中，每一个人都处在一种被别人牵制的关系网中，没有人能独立出来，否则，就会被小集体内的成员群起攻之，这是没有人愿意面对的。另外，在组织非正式比赛时，要能与外队进行口头和情感上的交流，对方才愿意参加自己组织的赛事。不论比赛的结果如何，都要有良好的体育道德风尚。这难道不是交际能力的全面体现吗？要想成功，要想立足，要想得到其他集体的认可，就必须有良好的交际能力，这其实在我们大社会中也是"放之四海而皆准的道理"。

教育的各个领域是何其广大，各个领域不是单线进行到底的，各个领域之间应该是互相牵制、互相促进的关系。体育除了加强人们的体育理念、增强体魄之外，我们可以看到对初中学生的社会适应能力的引导和培养，请切实注意这些体育活动小集体的出现，做好这些小集体的集体主义教育。

15. 在体育教学中渗透集体主义思想

集体主义思想是无产阶级共产主义道德的基本原则，是有中国特色社会主义的重要组成部分和具体体现。在现在和将来的社会主义建设中，都需要国家的建设者们有集体主义精神！

但是，我们也应该看到，由于部分家长的教育方法不正确，对孩子过分溺爱，随之也带来了一些"后遗症"。如体重严重超标、运动能力低下、个体意识过于严重、缺乏集体主义思想或集体主义思想淡漠等这些现象，不论是对孩子将来自身的发展，还是对今后的社会主义建设都是极其不利的。

因此，我们更应当在身体素质和集体主义观念等方面对孩子进行教育，争取在强健其体魄的同时，使他们懂得集体的可贵，从而在其内心深处烙上集体主义的印记。

集体主义思想的培养应该是没有界限的，如何培养学生集体主义思想，应该从以下几方面入手：

在教材中渗透集体主义思想

体育课的教材内容有相当强的思想性，我们在教学中应因"材"施教，对这个"材"进行充分的利用，以期取得好的教学效果。例如在进行队列练习时，让学生在达到"队伍整齐、步调一致"等要求的同时，也可以通过语言或练习活动，使他们明白"集体的利益重于个人利益"、"个人要服从集体"的思想教育；又如接力赛，可以使学生紧紧地凝聚在小组内，甚至不用太多的语言引导，他们也能"为集体的荣誉而努力"。

"因材施教"的另一层含义，就是针对学生的特殊性选择不同的教法。由于多种因素的作用，可能造成不同班级学生在知、情、意、行等方面的差异。因此，我们应在这些方面对各班有所了解，并选择易于为其认可、并能收到较高效率的教育手段方法，使之得到全面的发展。

如对纪律较好、学生个性不太强的班级，在教学手段上我以较固定的方式（如操作活动、小组活动等）使他们在协作中体会集体的力量和作用。从而形成对集体主义的感性理解；而对一些个性较强、思维活跃的班级，则以多种教学手段进行教学，使他们在新鲜多变的内容中受到吸引，从而全身心地投入学习。通过同一内容而多种形式的活动，使孩子们既锻炼了身体，又明白了集体的可贵，从而产生对集体的归属感，以自己是集体的一员而自豪。

在游戏中渗透集体主义思想

投其所好，有人曾说，游戏是儿童最正当的活动，而且游戏是儿童认识世界的途径。由此可见，游戏在儿童学习生活中的地位。

在小学体育教材中，游戏占了相当大的比例。因此，我们应充分使用这种为学生所喜闻乐见的形式，让孩子们在欢笑中强健体魄、树立并巩固"集体主义"思想游戏的内容、形式和功能是多种多样的。因此，我们应当以常换常新的游戏活动提高学生的身体素质，培养其集体主义思想。

故而"团队精神"与"协作精神"这些思想就自然而然地成为了孩子们的指导思想，虽然他们的认识还远不能升华成为理性的。

通过教师的引导、学生的实践，他们将在自觉与不自觉间，培养一种"为集体的胜利而努力"的思想。这虽然只是"集体主义"的雏形，但随着他们对这类游戏的熟悉，随着他们年龄的增长、认识的提高，这些量的积累必然在一定时间后导致质的飞跃。这株"集体主义"思想的幼苗在不断地吸收营养后，必然会长成一棵参天大树。

用语言激发集体主义思想

正面引导，有位教育家曾经说过："孩子需要鼓励，就像植物需要水一样。离开了鼓励，孩子不能生存。"可见，鼓励在孩子成长的过程中是十分重要的。我们应充分利用正面引导、鼓励这些手段，为培养学生的"集体主义"思想服务，充分利用这些手段树立学生的信心，使他们热爱体育活动、热爱体育课、热爱集体并对自己充满信心，从而在积极、正面的内、外因影响下，得到全面、健康的发展。

有一位教育家曾说过最善意的批评也比不上最简单的鼓励。同时美国著名的教育家彼得·克莱恩进一步补充说："你做的一切，须让他懂……"

16. 对小学生进行集体主义教育

依据《小学德育纲要》、学生的年龄特点及认识，将各年级的集体主义教育内容与要求简要归类，试列如下：

一年级知道班级、少先队等是集体的一员，学会在集体中生活。

二年级懂得"心中有他人"的道理，参加集体活动，培养集体意识，为集体做力所能及的事。

三年级懂得集体力量大，个人的进步离不开集体的帮助，爱护集体，要遵守集体的纪律与规章制度，培养为集体服务的能力。

四年级培养"心中有集体"的情感，学习做集体的主人。

五年级懂得在集体中要团结互助，真诚守信，大家商量。

六年级懂得集体生活的纪律性、原则性，服从集体的决议，以集体利益为重，为集体服务，为集体增光，把热爱集体的情感升华到爱祖国的境界。

小学的集体主义教育，低、中、高三个年级段均有不同层次的教育要求和内容。集体主义教育，在道德认识的要求上，能以近及远，由浅入深；在道德的训练上，能由简到繁，由易到难。

教师在教育中，不能超越学生的年龄特点或认识，过高地要求，企图一蹴而就，使学生在短时间内具有集体主义精神，反反复复"炒冷饭"令学生生厌。而是应该力求教法活泼、新颖，在反反复复中使学生常学常新，温故知新。

建立集体意识

在小学中建立起集体意识，是培养小学生集体精神的起点。对刚入学的小学生，心目中还没有集体这个概念，也不能像对成人那样讲定义和深奥的道理。

首先，引导他们知道自己是哪个学校、哪个班级、哪个小组的学生，让他们知道自己不仅是个人存在，而且存在于集体中，集体就得有纪律、有荣誉，每个人都要尽自己一份力，为集体争光添彩，并讲雷锋叔叔这方面的故事，让他们体会到自己的一切与集体息息相关。

然后，抓住"小娃信捧"的特点摆道理，如用"一个老鼠打翻一锅汤"来教育学生，让学生形成一个概念，同学之间互相督促、互相鼓励；还经常教育学生向赖宁学习，为他们树立学习榜样。经过多方努力，一个团结的班集体形成了。

处理利益关系

学校利益和班级利益通常是一致的，但出现矛盾时，就得班级服从学校。

增强集体凝聚力

在教学中，有意识地开展一些集体活动，来使学生感受到集体的力量。课堂上，充分发挥班小组的作用，提问时如某个学生回答不出，本组同学可替其回答，还可以商量讨论，这样很多难题就在小组讨论中得到解决。在课外，经常组织学生进行拔河、接力跑步、篮球、郊游等集体活动，通过这些活动，增强了集体凝聚力，学生感到了集体力量的强大。这样，同学们就深深地体会到了"人心齐，泰山移"的道理。

培养集体主义精神

由于每个同学的智力、家庭条件不同，有些学生性格很孤僻，不能融入到班集体中，他们虽然很守纪律，但享受不到班集体的欢乐。因为怕失败及其他原因，他们总是远离集体，不主动回答问题，不主动参加班级活动，不主动和同学游戏，成为远离集体的孤雁，这些同学最需要集体的关爱和温暖。要从以下三个方面入手来解决这个问题：

（1）分成学习互助组　好差搭配，一个人学习好不行，要求整体成绩好。

（2）充分发挥特长　每个同学根据爱好和特长，都必须参加一个课外活动小组。

（3）要求参加各项活动　这样一来，同学们就拧成一股绳，感到了集体的温暖和欢乐。

首先告诉家长要求孩子在家要尊重父母，自觉做一些家务；其次要正确处理与邻家孩子的矛盾纠纷，不包庇自己孩子的错误，教会他们与邻家孩子和睦相处，让孩子知道自己不仅是家庭中的一员，也是社会的一员。

"众人拾柴火焰高"，从小注重培养学生的集体主义精神，学生的不良思想才能得以克服，在学校养成热爱集体、关心集体的品德，长大后才能热爱祖国、热爱人民。

增强集体责任感

随着取得了一项项荣誉，一些同学骄傲起来。针对这种情况，首先让同学们讨论班集体荣誉是怎样取得的，教育大家荣誉是团结拼搏的结果，让同学们认识到集体荣誉来之不易。其次，告诉同学们有了荣誉该怎样对待，引导他们以自己良好的言行维护集体利益，珍惜集体荣誉。最后，要求同学们变集体荣誉为一种约束力来克服自身缺点。通过以上工作，集体主义精神得以发扬光大。

17. 对中学生进行集体主义教育

集体主义是善于在集体中生活和工作，并能向集体利益贡献自己一切的道德品质，是中学教育重要内容之一。当前，由于社会环境的变化，部分中学生的集体观念趋于淡薄，思想倾向和行为选择明显向"个人"偏移，主要表现在：

竞争意识增强

集体团结协作精神逐步削弱，随着社会主义市场经济发展，各种竞争也在不断加剧，不少学生的竞争意识也在增强，加之学生独生子女比例不断增大，家庭教育的失衡也助长了中学生自私自利思想的抬头。一事当头，先为自己打算，不肯帮助别人，不愿为集体服务，对社会漠不关心，人际之间的相容性、协调性差。

发展个性要求

自身的社会责任感，义务感淡化，

当代中学生比较注意自我和个体的发展，主体意识比较强烈，他们反感"从头到脚"过分的关心，一举一动过多的限制，渴望得到理解与尊重，但是有些学生不愿接受必要的约束和严格的管理，放纵任性，我行我素。

关注个人利益

对个体价值比较关注，对国家集体利益有所忽视。部分中学生不能正确处理和对待个人利益与集体利益的关系，个人本位思想较重，在价值判断、价值取向方面，以个人为出发点，将集体利益，国家利益置于次要的从属地位。

上述表现尽管不是当代中学生思想行为的主流，但必须引起我们的高度重视。在新形势下，加强对中学生的集体主义教育显得尤为重要。因此在开展集体主义教育过程中，特别要重视以下三个方面的问题：

教育学生关心热爱集体

使自己成为集体中积极的一员。学生的集体主义思想，只有在良好的集体生活中才能形成，而集体主义思想又是建立和巩固良好集体的保证，所以，对学生进行集体主义教育时，首先要教育学生热爱班集体，热爱自己的学校，教育他们关爱集体，时时处处维护集体利益，培养学生集体主义荣誉感和在集体生活中的良好习惯。当然，对学生的个人理想、个人追求、个人正当利益，只要符合社会要求，都应当尊重和肯定。

因为社会主义的集体主义决不排斥个人，恰恰相反，它要求最大限度地调动和发挥每个社会成员的主动性，积极性和创造性。

培养学生间友谊

针对极端个人主义、利己主义、享乐主义在社会上的滋长和蔓延，必须加强正面教育，坚持不懈地向学生灌输集体主义思想，使学生在情感方面得到关怀和体验，这在对初中生的教育过程中，有着特殊的意义和作用。因为只有让学生感受到集体温暖，才能对集体产生热爱的情感，才能真正相信集体、依靠集体。

对初中生来说，集体给予其关怀和温暖，既是他们在成长过程中心理方面的需要，更是让他们在事实上感受到社会主义集体的优越性和加强集体主义观念的需要。

组织学生社会实践

让学生在活动中养成集体主义观念。集体活动可以让学生直接感受集体的存在、集体的温暖，增强集体凝聚力。在感情上与集体融为一体。同时，让学生有机会发挥才能，产生成就感，增强只有在集体中才能实现自我价值的正确观念。因此，学校要把学生从沉重的学生负担中解放出来，放手让他们参与和组织丰富多彩、形式多样的集体活动。如校内的文娱、体育竞赛、科技活动、社区服务活动等，使学生在有益的社会实践活动中培养和形成集体主义思想观念。

总之，在新形势下，要把集体主义精神的教育渗入到学生日常生活和学习的各个层面，引导他们正确认识和处理国家、集体、个人的利益关系，提倡个人利益服从集体利益，局部利益服从整体利益、当前利益服从长远利益，反对小团体主义，本位主义和损公肥私、损人利己，把个人的理想与奋斗融入广大人民的共同理想和奋斗之中。

18. 对大学生进行集体主义教育

集体主义精神是一种巨大的精神力量，是一个民族、国家、集体实现共同理想、目标的精神支柱。弘扬和培育集体主义精神，不仅对于推进精神文明建设具有重要的意义，而且对于促进物质文明建设和政治文明建设，增强我国的综合国力，实现中华民族的伟大复兴，都具有重大的意义。

集体主义精神是一个集体在长期共同生活和共同社会实践基础上形成和发展的，为集体大多数成员所认同和接受的思想品格、价值取向和道德规范，是一个集体的心理特征、思想情感的综合反映。

集体主义精神，不仅是一个集体告别落后，走向文明进步的强大动力，而且是维护一个集体稳定和发展的强大精神支柱。

早在战争年代，毛泽东同志就明确指出："自私自利，消极怠工，贪污腐化，风头主义等等，是最可鄙的；而大公无私，积极努力，克己奉公，埋头苦干的精神，才是最可敬的。"新中国成立以后，他多次强调，要保持过去战争时期的那么一股劲，那么一股革命热情，那么一股拼命精神。

我们进入改革开放新时期以后，邓小平同志在全党大力倡导"革命和拼命精神，严守纪律和自我牺牲精神，大公无私和先人后己精神，压倒一切敌人和一切困难的精神，坚持革命乐观主义、排除万难去争取胜利的精神。"江泽民同志从新的历史条件和历史任务出发，概括和倡导"六十四字创业精神"，他指出："强大的精神力量不仅可以促进物质技术的发展，而且可以使一定的物质技术力量发挥出更大的作用。"这充分说明弘扬和培养集体主义精神对于一个集体的事业的重要性。

以活动为载体，增强集体主义精神

为贯彻落实《意见》精神，进一步发挥校园文化的育人功能，建设体现社会主义时代特征和学校特色的校园文化，引导大学生积极参与和谐文化建设，促进大学生全面发展。同时，为纪念长征胜利及

"一二·九"运动,弘扬爱国主义和集体主义精神,活跃校园文化,展现当代青年学生昂扬向上的精神风貌,广外大西语学院团委于每年10月~12月之间,广泛开展"缅怀历史,激扬青春"红色经典系列教育活动。

(1)主题宣传活动 西语学院团委通过发放知识卡片,举行横幅签名活动,悬挂电子海报等多种形式对"一二·九"运动进行详细的介绍及宣传。让同学们对"一二·九"运动和长征精神更加了解,以达到认识历史,不忘历史的目的。同时,号召同学们在统一的便签纸上用一句话抒发自己对祖国的热爱及对"一二·九"运动的感想。最后将所有纸条收集起来,拼成"西语","一二·九"等字样,在相思河畔进行宣传,展现西语学生积极向上的精神风貌和真挚炽热的爱国情感。

(2)红色征文活动 通过举办"永恒的足迹"征文活动,引导学生密切联系自己的学习,工作和生活实际,畅谈长征精神,体会以集体利益为重的社会主义精神及高尚的革命情操。同时紧扣时代的脉搏,结合自己的人生抱负,对自己的理想展开勾勒,从心底抒发对红色历史的所思所感,用文字镌刻自己的信念。

(3)红色经典作品展 广泛发动同学们以书法、绘画或诗歌创作等多种形式表达对"一二·九"学生爱国运动的纪念和对祖国无限热爱的情感,并筛选出一批内容好、质量高、有创意的作品进行宣传展示,提醒同学们牢记历史,继承和发扬革命传统,进一步肩负起自己的使命,把老一辈无产阶级革命家开创的伟大事业不断推向前进。这项活动教育效果显著,同学们在缅怀先烈传承革命精神的同时,纷纷表示要与时俱进、发奋图强、学好本领、报效祖国。

(4)红色电影展播 通过举办"长征共享"之《我的长征》和《青春之歌》等电影的展播活动,用现代多媒体方式帮助同学们回顾那段红色的日子。通过观看经典革命电影，同学们重温了那段峥嵘岁月，增进了对长征历史的了解，更接受了一次革命精神的熏陶和洗礼。

（5）红色主题团日活动　各班级开展了参观"永恒的纪念"即纪念孙中山诞辰141周年大型图片展，"伟大的长征"即纪念中国工农红军长征胜利70周年图片展，广州黄花岗72烈士陵园及登白云山签名等形式多样的主题团日活动。这些红色主题的活动不仅使广大学子深受爱国主义思想的熏陶，还提高了各班级的积极性和团队意识，更加强了各个班级之间的交流，增进了友谊，培养了集体主义精神。

（6）红色经典合唱比赛　学院组织以班级为单位参加的"缅怀历史，激扬青春"合唱比赛。以青春的歌声唱响红色的记忆，引导广大学生讴歌难忘历史，歌颂伟大祖国。在提高同学们艺术修养的同时，广泛弘扬爱国主义及集体主义精神，提高班级凝聚力，促进校园精神文明建设。

以教育活动，影响集体主义精神

（1）增强了班集体的认同感与归属感　西语学院始终不忘引导和教育学生全面了解祖国壮烈的革命历史和坚韧的民族精神，这对培养中国特色社会主义合格建设者和接班人意义重大。

事实证明，通过上述学生喜闻乐见的渠道形式，开展一系列红色主题教育活动，这不仅是对学生进行爱国主义教育和集体主义教育的良好机会，更因其方式方法的改变，转变了同学对班集体的一些成见，增加了同学对班集体的认同感和归属感，引导学生将高度的社会责任感和爱国主义精神，自觉转化为成长成才的动力和实际行动。

（2）增强了班集体的凝聚力　为确保合唱比赛圆满成功，西语学院可谓是"全民大动员"。为在比赛中呈献高质量的合唱作品，学生们在一个月的时间内完成了歌曲挑选、表演设计、集中训练、道具制作等前期准备工作。

"缅怀历史，激扬青春"红色经典系列教育活动引起了多方关注。去年，在举办红色经典合唱比赛当晚，团省委专门为晚会请来了曾亲身参与"一二·九"运动的温盛湘、杜襟南两位老前辈，使广大学子深受鼓舞与教育。同时，活动还吸引了省内多家主流媒体的关注。学院同学普遍认为，活动不但是对红色历史的纪念和缅怀，更是一段美好而珍贵的集体回忆。通过活动，学生们团结向上的集体主义观念和爱党爱国思想得到增强。

（3）激发了学生的创造性　红色经典系列教育活动，全面活跃了西语学院的文化氛围，形成了富有历史特色及青年特点的校园文化品牌，促进了学生的健康成长。例如，参赛歌曲都为艺术性较高的中外艺术歌曲，内容健康向上，形式清新活泼，同学们在比赛中充分发挥了自己的主观能动性和创造性，在合唱中加入了舞蹈、情景剧等表演元素，充分反映出当代大学生积极向上的精神风貌、崇高远大的理想追求以及高雅的审美情趣。

"缅怀历史，激扬青春"红色经典系列教育活动的成功举办，给广外大乃至其他高校今后大学生爱国主义和集体主义教育的组织和开展起到了很好的借鉴和启发作用，为推动校园文化建设和德育环境建设提供了宝贵的经验。与此同时，我们也在不断思考如何为红色主题教育活动注入长效机制，使活动的教育、凝聚作用得到延伸与拓展，更好地形成大学生爱国主义和集体主义教育的良好局面。

以爱院爱校活动，强化集体主义教育

就是了解自己所在的学院学校，热爱自己所在的学院学校，树立为学院学校争荣誉、做贡献的意识，是基本的文明规范，旨在帮助和促进大学生树立自尊心和荣誉感，培养集体观念和团队精神。道德行为规范教育要与内在德性培养结合并内化为自身的行为。以爱院爱校教育为切入点，加强集体主义教育，弘扬集体主义精神，不失为一种有效途径。

就新时期时代特征与新时期爱院爱校教育的现状来讲，思想政治工作者亟需加强爱院爱校教育，从而推动集体主义教育的强化与内化。

（1）强化爱院爱校教育　是新时期发展教育的必然要求调查显示，学生对学校教育越来越表现出强烈逆反，主要反映在：心底反感一切学校规章制度和教育，或被动遵守，或视若无睹，或故意破坏；学生对自己所在的学院或学校没有认同感和自豪感，表现为学习兴趣不高，对前途盲目悲观，自暴自弃；集体荣誉感减弱，不积极参与集体活动，不主动维护集体荣誉，甚至故意损害集体荣誉；追求个性化，但是对个性化的认识存在偏差，认为与众不同、我行我素、游离于集体之外即是个性，无法协调个人发展与学校发展的关系。这就要求思想政治教育者必须加强对学生思想现状的认识和研究。重视并加强对新时期大学生的爱校爱院教育，使学生的自我设计与学院学校的发展和谐一致，促进学生个人成才，也进一步融洽学院学校的发展环境，推进集体主义教育。

（2）细化爱院爱校教育　注重细节对学生爱院爱校情操的培养。首先，注重学院学校的整体文化氛围及其细节对学生情操的培养。学院学校文化氛围及其文化风气的形成本身就是一个注重细节的过程。可以细小到宣传栏上的一个小散文，也可以细小到每周一的升旗仪式上教师的一举一动，这些都是进行爱国爱校教育、提升学生整体素质的良好契机。

利用好学校报纸、刊物以及广播台等宣传阵地对学生进行爱院爱校的引导和教育作用；利用好学院学校大型评估活动和重大外事活动的宣传教育作用，诱发学生的爱院爱校情感；利用好学校大型庆典活动对学生自豪感的激发、学校优秀校友的优秀言行示范作用，把爱院爱校教育融入到学校活动的任何一个环节当中。

其次，注重学生日常文明行为养成，积跬步致千里，积小溪成江海，要把学生的日常文明行为作为学生道德考评的一个重要方面，把道德考评与学生的评奖评优工作、组织发展工作以及学生干部选拔工作密切联系，督促学生养成自觉的文明习惯，增强学生社会责任意识和诚信意识，从而为其爱校护校美好情操的形成打下良好的道德基础，促进其集体主义精神的弘扬。

再次，对学生的爱院爱校教育要有系统、有规划、有步骤地进行，列入院系和学校的学生教育之中，并使之成为和学生的入学教育、心理教育、安全教育、毕业教育等大型教育活动的一部分，这样才能保证学生爱院爱校教育活动的时间，从而保证爱院爱校情感的顺利生成。

（3）强化爱院爱校教育　进一步发掘其理论支撑，深入研究其外延内涵，借助公选课的形式拓展开来做好公选课制度的研究与改革工作，可以直接为高校教学管理、人才培养模式的改革提供有益的经验和帮助。思想政治工作者更可以借助公选课形式，广泛开展爱院爱校教育，使爱院爱校教育不仅存在于生活的方方面面，更要在课堂上以大家乐于接受的形式存在并被传播。

另外，根据公选课教学短小精悍、灵活易变的特征，思想政治工作者可以随时依据时事政策调整课堂内容，使整个爱院爱校教育活动既能与时事紧密结合，又能使理论和时间密切联系，起到更好的教育效果，促成集体主义的塑成。

总之，学生爱院爱校教育是一个系统工程，是校园文化建设的重要组成部分，也反过来影响着校园文化的进一步发展，更是学生能否成才的奠基工程，其集体意识与荣誉感的培养。将影响学生一生。

所以，强化爱院爱校教育，不仅需要学生思想工作者在学生教育过程中逐步探索并加以完善，更应该得到整个学院学校的重视，成为学院学校发展与建设不可或缺的一部分。

第二章

学生集体素质教育的故事推荐

1. 甘做航天孺子牛的方国俊

方国俊，男，*1936* 年出生，籍贯河南省禹县方岗乡方北村。这个农村娃，虽然生活的很苦，但是却有参军的大志向，而且当上兵以后还有了不俗的成绩。

1936 年，方国俊出生，虽然说他家住农村，时逢我国抗日动荡时期，但是其父辈还是有一些文化的，使方国俊从小受到的教育相对严厉，于是他成长成为一个有志向、热爱国家的人。

在他很小的时候，他的母亲就去世了，再加上当时遇上天灾，使他这个本来就有些贫困的家庭更显艰辛。于是，他就想跟着解放军参军而去，好能够减轻一些家庭负担，但是却被家里人给拉了回来。几年以后，他的父亲也去世了，家境更加穷困，方国俊参军的心意更加坚决了，而当时正逢抗美援朝，于是，方国俊就毅然参军了。

谁知道当方国俊跟着军队来到鸭绿江的时候，碰上了我国飞行员的招选。招选的标准很严格，比如说家庭背景、知识文化水平、身体素质、心理素质、思想水平等等，而方国俊却成功入选了。就这样，方国俊成为了我国早年抗战时期的战争飞行学员。

飞行员的训练很严格，而且与外界的联系也极其之少，但是方国俊却忍受住了这些历练。当进行理论课程的讲解的时候，方国俊听得非常认真，虽然教官来自语言不同的苏联；当进行实践训练的时候，方国俊也做得非常用心，将自己的聪明、勇敢等的素养充分地发挥起来。

不久，训练队放单飞，方国俊成了第一个。但是，有勇有谋、理论扎实的他将飞机驾驶得有模有样。放弃害怕的心理，积极勇敢地面对挑战，方国俊终于成功完成首飞。

凭着自己的用心和智慧，就连最难的歼机他也加班加点地学会了，然而，抗美援朝的战争却结束了。

虽有遗憾，但是，只要能够为国家做事情，方国俊也没有什么太多的想法。

然而，生命垂青于出色的人。当方国俊一批战士面临毕业的时候，他却因为突出的能力而被部队留下来做了教练员。从此，方国俊真正走上了我国飞行事业！

方国俊，从小在艰苦的环境下长大，接受命运地磨练，接受父母双双早逝的考验，终于成长为一个有智慧、有思想、有能力的人。

生活中，或许会遇到痛苦，但是只要你拥有笑傲贫苦的勇气和精神，就一定可以成为命运的驾驭者。

被留教以后，方国俊的飞行生涯真正开始，不仅投入到了保卫国家的战斗中去，而且担任起了为国家培养新一代飞行员的伟大使命。

方国俊被留教以后，进入了歼击机部队，在这里他不仅接触到了真正的飞行，而且还多次经历了"生死一刻"的危急关头。比如说1962年时候与国民党军的交战。

1962年，我军到福建前线作战，方国俊带领的飞行组也参与其中。为了保卫我军的安全和侦察各方面的动向，方国俊每天都要带领自己的团队到空中执勤。然而，有一次，当他们飞向空中执勤的时候，飞机后面的座舱和输油管却冒起了浓烟。原来是因为机务没有将地面工作做好。然而，这个时候，敌机却不凑巧地正面飞来。

这情形真是令人干着急，前方是越来越近的敌机，可我飞行员却因座舱内的浓烟，什么也看不清，这不仅有引发火灾的危险，更可能"轻松"遭受敌机的攻打。

地面领导命令他们投掉副油罐，然后快速撤离战场。很多飞行员一时间不知所措，幸好有方国俊的带领，而敌军也只是巡视。所以，飞行队才有惊无险。方国俊第一个下来，凭着自己过人的胆识、技能和智慧，带领飞行组员都安全着陆。

除了带领年轻飞行员进行飞行巡逻、战斗，方国俊还对他们进行认真、细致、悉心的教导，而且从没有过任何携带，即使在我国最最动荡、最最艰险的时期，方国俊也没有丝毫放弃过飞行的训练和学习。

多年来，方国俊兢兢业业，一心为国，用自己的心血浇灌出了一个个精英飞行员，他们有的成为了空军司令员，有的成长为空军参谋长，大多数都成为我飞行团队中值得称道的飞行人才。

而，在我飞行事业的理论、政策上，方国俊也付出了巨大的努力和研究，提出了许多非常有见地的建议、意见。比如说随着我国经济水平的提高，我国飞行机械技术、性能等方面的日益精良，很多人都对飞行员的身体素质的要求有了松懈甚至相对忽视，但是方国俊却坚定立场，坚决提出：不管什么时候，飞行员身体素质都必须要严格要求。后来，诸多事实都证明了这个观点具有必要性和重要性。

从 1953 年开始飞行，方国俊飞了近四十年，成为我国歼击机飞行员中飞行时间最长者之一。而在这些年中，方国俊为我国飞行事业所做出的成就更显可贵和骄人。

从飞行员到优秀飞行教员，方国俊经历了无穷艰险。然而，他热爱飞行事业，热爱伟大祖国，一颗中国心让他认认真真做事，踏踏实实育人，他身先士卒，一言一行都彰显着他精心育人的伟大目标！

提起方国俊，很多人都会说他是一个优秀的飞行员和不可多得的飞行教员。然而，极少有人知道，他还是我国首批预备航天员！

方国俊进行飞行的时候，正值我国动荡时期。局势混乱，情势不稳，这使得我们国家在进行航天事业的时候也是用心良苦。

作为我国六十年代秘密培训的航天员，方国俊只能够满心欢喜接受秘密培训，只能够独自承担梦想破灭的痛苦。虽苦，却不说。

从 1953 开始到 1989 年停飞，方国俊在进行正常飞行工作之余还进行了很多超越简单飞行员的飞行事业工作。

1961 年，方国俊等人进行过一次秘密的培训，组织要求他们对外宣称是在学习改装新机种内容，而他们事实上是在进行相关的航天知识的培训。当时的秘密培训队伍一共有 24 名从众多飞行员中选拔出来的佼佼者，教官是我国著名科学家钱学森，而地点未定，有的时候方国俊等人要到河北沧州学习，有的时候他们却又返回北京通州，而他们的居住问题更是突出了保密性，科研人员与培训学员搭配居住，人与人之间的交流极其有限。这样一来，他们的训练、学习、生活条件都极其艰苦。

尽管如此，方国俊仍然充满了激情，因为他们是在为我国一项无尚伟大的事业而奉献。所以，方国俊除了每天集中起来学习的 8 个小时和体育锻炼 1 个小时的时间，他还会加班加点地巩固、研究。就这样，方国俊在完全秘密的单调生活情况下仍然坚持着、奋斗着，一心想要成为像加加林那样的航天员。

然而，正当方国俊在为这项伟大的事业储蓄力量的时候，他们都被退回到了原属的部队进行往常的飞行工作。因为，培训进行了 10 个月以后，这项事业却因为经济的原因被迫停止了。

可是，方国俊是一个军人，所以他虽然心中万般期待，也仍然是什么也不说地认真对待自己的原来的工作。

虽然，飞天培训很痛苦，但是因为喜爱所以也心安；虽然，飞天梦想破灭了，方国俊满心遗憾地回到原来的部队，但是他仍然踏踏实实地进行党的工作，甚至将原来的飞行工作进行得更加出色。歼击机训练，培训学员，日子过得紧张、有序，仿佛他的梦想再也没有任何音信了，甚至将永远瞒住所有人，甚至包括自己。

因为，方国俊是一个军人，是一个热爱祖国的军人，是一个有着伟大党性的军人。因此，他付出；因此，他独自承受。

或许，军人的生命永远是属于国家的。方国俊，一个当兵多年的人，已经深深地爱上了这个岗位，深深爱上了这个国家，深深爱上了国家的梦想，甚至将国家的梦想与自己的梦想叠合为一！

1970 年的一个再平常不过的日子，已经走上团长岗位的方国俊得到了师长和政委的"新任务"："今天的飞行训练结束以后，你把工作交代一下，然后马上去北京，有任务。"

这一再普通不过的命令背后却是方国俊早已经期待了 *10* 年的梦想啊，它是方国俊永远也无法割舍的梦想。

然而，方国俊却没有得到明确的通知，但是他却莫名猜测到了是有关梦想的事。于是，方国俊完成、交代了工作后，还回家收拾了简单的行李，并且还做了一些关于妻、子的交代。因为他觉得自己的能力还很不错，实现梦想的可能性很大；他害怕在自己多年梦想实现的同时，不知是否还能够安然回来。

在小照相馆里照了一张全家福后，方国俊就像正常外出工作一样离开了家人，踏上了自己同时也是伟大祖国的追梦道路。

当方国俊谨遵指令到达北京空军总医院的时候，他先接受了一系列"莫名其妙"的体检，诸如测气压差、平衡技能测试、离心机考验、动荡台考验、温度舱考验等等。这些体检项目令方国俊记忆犹新，终生难忘。

离心机考验。当方国俊进入离心机以后，他半躺着，呈飞船发射时候的姿势。当离心机开始运动以后，人就会感觉到诸如飞船起飞、降落时候而产生的加速度、超负载、血液倒流等等情状。这是一场刷掉好多人的体检。因为这次，很多人体内的器官都受到了影响，有的发生内脏移位，而有的还出现肺部出血、实力变差、脊柱受伤等等的现象，而严重的甚至还因此失去知觉。但是这是登天以后，宇航员所必须经受住的超重考验。这一项，方国俊超标准完成了考验，规定标准为12G，但是，方国俊却超出了0.5个，达到12.5个负荷，是当时团队里面成绩最好的。或许，穷人家的孩子身体就是好，承受住了这么大的重荷，身体也仍然没有什么问题。但是，也正是因为这次体检，方国俊的身上却留下了许多黄豆粒大小的血泡，而到现在也仍然没有消退！

失重飞行检测。这项检测在失重飞机模型上进行的，坐上以后，方国俊感受到了从未有过的体会，就像他所说的："就是作为飞行员，我也没有尝试过在短短几分钟的时间内，一会儿是轻飘飘的，一会儿是千钧压身的。"不过幸好方国俊除了有些许不适，总体感觉还好。然而，这些抛物线，毫无规律，忽上忽下，盘旋翻滚的运行却使很多人都产生了鼻塞、粘膜充血、耳鸣脑涨等现象。

这些考验、困难严格得即使是方国俊也从来就没有接触过。而，正是这些"不常见"更使方国俊意识到了自己猜测的正确性。而且，更令他感到有这种感觉的还有：组织要求他们外出时候身着军装，而一旦进入医院就必须立即换回病号服。另外，他们一同接受测试、检验的人越来越少，这也令方国俊心生疑惑。然而，事情没有音信之前，什么也不好说作为一个军人，就不应该怀疑些什么。于是，虽然已经有了十分的确定，方国俊仍是将其牢牢收起，仍然认真对待各项"仿佛"航天知识方面的学习、训练，仍然认真地进行着每一场生死考验。

飞天梦，是我们伟大祖国的一个梦想，更是方国俊的一个人生情结，它神圣、伟大，高于生命。为了这个梦想，方国俊和国家一同经历考验，生死不顾！

人世间最令人难以忍受的事情是什么？是否是梦想在手边，然而复失去？方国俊与自己的飞天梦，十年之后喜相逢，触手可及却复失！

事实终究是事实，随着时间的飞逝，方国俊的猜测终于得到了进一步地证实。

有一天，他突然发现他们的队员已经在悄然之间，从 1000 多名变成了 19 名，而他们学习的课程、进行的训练也越来越接近航天飞行类，而且他们还开始观看大量的国外航天飞行资料片，开始接受我国著名科学家钱学森关于飞船知识的讲解……这一切都让方国俊深刻意识到了一个问题：他的确在接受航天员训练，他的确终于等到了他的梦想，他们就是我国第一批很可能要飞往九天的宇航员，而他很可能成为中国的加加林。因为他的检测成绩非常好，而且还得到了领导有意无意的暗示。

但是，方国俊不想有任何的侥幸心理，他一定要抓住自己的梦想。所以，尽管他知道自己上的可能性极其大，却仍然是非常慎重地对待自己的训练、学习和体育锻炼。

方国俊在经过研究后，发现这次的训练已经不同于十年前的理论培训，而是更加注重了身体素质方面。于是，在重视自己理论学习的同时，也将自己的身体训练抓了起来。但是，在那个时期，他们依然是秘密训练，所以各方面的条件仍然不怎么样，而且仍是没有自己活动的时间。

所以，在空闲的时间里，方国俊就会积极参加队里的集体球赛。而且还改变了自己多年来的睡眠习惯，严格按照队里规定的作息时间。而，对于许多特定饮食，他也耐心对待。

于是，他在最后被留了下来，而且还成为了最终确定的首飞三人梯队组的第一名，甚至还看到了按照队员身高而设计的船舱。

然而，当方国俊为自己的多年梦想冲击的时候，老天又一次给他开了玩笑。在他们进行训练一年半以后，国内的局势又发生了大变，航天大队被迫解散了。

于是，方国俊只好带着满腔遗憾告别了自己的梦想，重新开始回到他的原岗位，兢兢业业的工作。

命运一再的戏弄，令方国俊痛心疾首，然而，国家处于特殊时期，自己又是一名军人。所以，即使再痛，方国俊也只能够将其放在心里，秘密看守；即使再痛，方国俊也将其严守，绝口不提。

的确如此，事隔十年，方国俊又一次碰触到他自己的梦想，他心中是多么兴奋和激动啊，他一定要实现自己的梦想；事隔十年，方国俊又一次成为团队中的佼佼者，他对自己的飞天梦成竹在握，却又破灭了他该多么痛苦啊。

然而，他只能够只字不提，因为在他的心里，梦想可以不实现，但是军人的纪律却一定要坚守。于是，他将组织以前所要求的纪律烂熟于心——"第一不能够和任何人接触，第二，不准与家里有任何联系，第三什么也不要问。"并且还改而发扬——即使在航天大队解散后的时期，也缄默不提。

他将自己的梦烂在了心里，即使是妻、子问起什么，他也是平静地以其做正常的工作为由简单带过。所以，这一瞒，就到了2000年。而即使是这一年他也仍然非常低调。这一年，他的孩子在报纸上看到了他的名字，然后向他确认，方国俊老人也只是简单地说了一句："可能吧，你觉得呢？"

梦想可以不实现，但是党性却不能够不坚守。方国俊的一生都将为国家贡献自己的力量为使命，而且始终如一。

虽然梦想丢失了，但方国俊还是听从国家的召唤继续进行自己的飞行事业，而且将其做得有声有色。但是，方国俊却没有完全将自己的飞天梦放下，他始终相信自己有一天可以实现飞天之梦。为此，他在第二次与梦想擦身而过之后，仍然保持着对身体锻炼和学习研究航天知识的习惯，即使在自己已经年近七旬之际！

虽然航天大队解散了，虽然自己在1989年时候也已经因为工作需要而停止了飞行，但是，方国俊却并不认为自己无法实现飞天梦。他始终知道自己一定要准备好，首先就是自己对可能遗忘的东西——身体素质。

于是，在被祖国飞行队召回以后，他没有放弃锻炼身体；在自己停飞以后，他没有放松体育锻炼。而且，始终如此，不管是在年轻之时，还是在古稀时分。

由于，方国俊一直坚持按照航天员的标准进行身体锻炼和保持生活规律，方国俊老人现在的军装依然保持着原来的尺寸，体重也依然保持在60年代时期的78公斤。

和对身体的要求一样，方国俊在锻炼身体之余，还不懈地进行着对航天知识的学习，甚至还画出了相关的草图、造出了相似的房子。

1989年，方国俊停飞后，就将自己的精力都放在了航天事业上面。他一面学习相关知识，一边还研究起宇航飞船。于是，在1998年的时候，他画出了一幅外形非常奇怪的楼房设计图。它，两层构架，不圆不方，这令人不知所以然，甚至让工程师也摸不出门道。其实，大家不知道，那正是方老为自己设计的"待命之宇航飞船"。

有谁能将对自己的梦想如此痴情？方国俊。有谁能在自己离开了军队却还为航天梦而追逐？方国俊。有谁能够在自己已经年进古稀，却还毫不怀疑自己有实现早年梦想的能力？方国俊。

方国俊老人，是一位值得人们学习、尊敬的人，是一位从不畏惧、从不放弃的人！

从 1953 年开始，方国俊开始飞行，1989 年停飞，1961 年开始秘密航天员培训，1970 年重温航天梦，屡获战功，屡作理论。然而，这位为我国飞行事业服务了一生的军人却一直难以实现自己的飞天梦。

方国俊为我国服务飞行事业付出一生，却也因飞行而伤痛己心，从年轻力壮开始付出，从年轻力壮开始努力，然而始终无缘，可是心虽伤，志不灭！

如今的方老，七旬已过，仍是精神焕发、身体硬朗，俨然一个完全可以承担我国飞行事业的军人。就像他所说的那样："我可以自豪地说，我是中国首届宇航员，如果不是因为当时各种条件的限制，曙光号最终没有发射，要不然中国航天第一人应该是我。"

于是，从我国神州一号开始，方国俊老人都始终关注着我国航天事业的动向。终于，我国实现了载人航天之梦。当 2003 年"神州 5 号"遨游太空的时候，方老泪水涌流，夺眶而出。他激动地和杨利伟一起"飞"，仿佛是自己在鸟瞰美妙的太空。从神州 5 号发射的那一刻，到神州 5 号成功返航的那一瞬，方老在电视机旁坐了整整 20 多个小时。

然而，毕竟人已经老了，有些事情或许的确难以实现了。方老深深地认识到了这一点，但是他却没有"死"了飞天的梦。

在观看完神州五号飞天后，方老陷入了深深地思考，然而，抑制不住自己的激动，提笔给杨利伟写了一封"祝贺信"。

这封祝贺信，或许是方老对自己宇航飞天梦的结束，更是方老对自己宇航飞天梦的新憧憬。进入新世纪，科技的进步，已经可以使非宇航之人搭乘航天飞机进入太空了，方老梦想着自己成为这样一位！

是啊，或许梦想真得难以实现了，但是有梦想就是美丽的。方国俊不仅懂得此道理，而且他还懂得将自己的梦想现实化！这，应该也源于其从小在农村就修炼而成的为人品质吧。

2. 藏族群众的好"门巴"李素芝

在西藏军区副司令员兼总医院院长李素芝的家里，挂着一幅泛黄的"母子照"，它不是一张普通的照片，它记载着一个军人世家抚育英模成长的感人故事。

李素芝，1954 年 4 月出生于山东沂蒙革命老区一个普通干部家庭，父母都是上个世纪四十年代参加革命的老党员，一生任劳任怨，为共和国的解放事业做出了贡献。少年时期，李素芝最开心的时候莫过于听父亲李敬南或者一些老革命前辈讲战斗经历和先烈们的光荣事迹。

有一次，父亲李敬南的革命老友到他家做客，他们回忆起革命时的片段——一段他们没有听过的、关于他们亲爱的父亲英雄事迹，这深深地吸引了在一旁玩耍的李素芝兄弟，他们停止游戏，跑到父亲身边，认真地听了起来：

"16 岁那年就当上了一名抗日战士。"李素芝的父亲感慨地说道。

"是啊。你还记得不？有一次，你和几个战友在抗日战区搞宣传时，突遇到几个日本鬼子袭击。你和战友们与日本鬼子展开了激战，经过20多分钟的交战，打死了10多个鬼子。穷凶极恶的日军，便调动大批鬼子对村庄进行搜剿。此时，你受了伤，身边的一名战友两条腿和肩膀上也多处中弹。而就在这样的情况下，你一边忍痛背起战友寻机隐藏，一边组织指挥群众转移，最后在村庄的一块麦地里脱了险。你们这次与日本鬼子的交战，取得了胜利，不仅没有牺牲一人，而且还使群众安全脱险。这在当时，是革命老区无人不知、无人不晓的事情啊。你不晓得我当时是多么地佩服你，真牛！"

……

李素芝的父母把自己一生的革命经历作为教育子女的传家宝，而李素芝兄弟也正可谓是听着父亲及老革命前辈们的英雄事迹长大的，他们感染着他、激励着他。所以，每当父亲李敬南回家或者有老前辈来到他家时，李素芝就与兄弟们缠着父母及老前辈给他们讲战斗经历和先烈们的光荣事迹。

小时候，因父母工作繁忙，李素芝和他的兄弟姐妹是在农村的外婆家长大的。那时，与村里的其他农家相比，他们的家庭生活条件虽然好一些，但是，父母却常对他们及他们的外公、外婆说"应与普通农家的孩子打成一片，不得有任何的特殊"。所以，他们同其他的农村孩子一样：农家草屋、睡土炕、吃五谷杂粮。

在农村的几年里，李素芝利用点滴时间如饥似渴地读书，先后阅读了父母拿给他的《红军长征的故事》、《雷锋日记》、《钢铁是怎样炼成的》、《欧阳海之歌》、《安业民》等书籍。在父母的教育和书籍的熏陶下，自李素芝懂事那天起，小小年纪的他就懂得了忠于党、忠于人民、听党的话，尊老爱幼、助人为乐对一个人的成长进步的重要性。所以，李素芝从小就养成了乐于助人、积极进取的品格。

比如李素芝自己非常节俭，但是在遇他人有困难时，却很大方。

一天，李素芝放学回家时，看到邻家的小伙伴有气无力地缩在墙脚下。李素芝上前一问，得知小伙伴家早已断粮，两天没吃东西了。李素芝听后，心里非常难过。他飞快地跑回家中，端来一大碗稀饭和两个"窝窝头"，送给了小伙伴。

无独有偶，李素芝10岁那年，正值"三年自然灾害"，缺吃少穿的，日子过的非常清贫。在冬天的一个傍晚时分，李素芝走在回家的路上，看到一个叫姜果的小伙伴缩在一个角落里，正冻得瑟瑟发抖。他毫不犹豫地把母亲刚给他做的一件较厚的衣服，脱下给了小伙伴。

李素芝的父母是伟大的，更是了不起的。他们像春蚕一样，含辛茹苦地培育着他，支持着他的工作、学习。16岁那年，在父母的殷切期盼下，李素芝也成了一名解放军战士。从那时起，他的父母坚持每月至少给他写两封信，教育鼓励他如何做人做事，对家中的任何困难却从来没有提过一句。正是父母的这种教育方式，为他正确的世界观、人生观、价值观的树立奠定了良好的基础，使之形成了今天的"爱岗敬业、无私奉献"的李素芝精神。每当谈起这些的时候，李素芝自豪地说："我数十年的追求和奉献，得益于少年时代父母的言传身教，父母就是我的启蒙老师。"

在之后的工作、学习、生活中，李素芝把这种热心助人、追求进步的精神一以贯之地坚持了下来，无论家中如何困难，都没有忘记勤恳学习、踏实工作、无私助人。文革期间，别的同学都争着去闹革命，而李素芝却在家认真读书学习，从不间断。

"我要做暴风雨中的松柏，绝不做温室中的弱苗；我要做高山岩石之松，不做湖岸河旁之柳；我愿在暴风雨中，艰苦的斗争中锻炼自己，不愿在平平静静的日子里度过自己的一生。"、"自己辛苦一点，多帮助别人做点好事，这就是我最大的快乐和幸福。"这是雷锋警句格言，更是李素芝座右铭，从少年时代开始，李素芝就把它们记在自己的每一本日记的第一页，以时刻提醒自己。李素芝说："雷锋就是我终生学习的楷模。"

李素芝的童年是在农村的外婆家度过的。那时，每到收获季节，打谷场就成了李素芝的"家"，茅棚成了他的"宿舍"。在乡下，那时期常出偷粮的现象。为了不让生产队里的一粒粮食受到损失，李素芝不怕疲劳，不顾蚊虫叮咬，千方百计像守护自己的孩子一样守在自己的岗位上。

在日常生活中，李素芝时时处处以雷锋精神来激励自己，视集体利益高于一切。他说："我能为集体做点好事，心里很高兴。"

一天夜晚，突然刮起大风，雷电交加，大雨倾盆而下。打谷场上的几万斤麦子眼看就要被大雨冲走，群众一年的口粮将受到极大的损失。在情况如此紧急下，在"粮食是社员的命根子，决不能让它受到一点损失"的决心下，李素芝急中生智，火速地跑回家，把自家仅有的3床被子抱来盖在麦堆上。

正是由于他把集体利益放在首位，所以，1976年从上海第二军医大学毕业后的李素芝，主动放弃了许多人梦寐以求的大都市优越条件，主动地自愿申请到条件艰苦、环境恶劣的西藏工作。到藏后，他便在军区边防一团当了一名普通医生。从此之后，他面对着绵绵群山，以及长年累月巡守在边防线上的战友，履行着"医生是维护生命的使者，我要把生命的价值书写在生命的禁区，书写在地球之巅"誓言。

一天晚上，刚刚割猪草回来的李素芝听社员说，队里一块30多亩刚收完麦子的田地，第二天一大早就要耕地灌水。这时，李素芝想起割猪草时发现那块地还有不少缺口没有堵闭，如果今晚不堵，就会影响灌地。想到这里，他毫不犹豫地跑回家里，喊醒了睡得正香的9岁的弟弟。就这样，兄弟两人，扛着铁锹，奔向夜色茫茫的田野。到地里，他们才发现，田埂上有的缺口足有50多厘米深，而且不止一处。李素芝兄弟二人仍是一锹锹挖起土块往里填，然后，再使劲地用脚踩实……兄弟两人一直忙到深夜，才算把所有的缺口堵住。

为集体、为他人做好事，有人夸他，称赞他"见难不怕难，吃苦不叫苦，小小少年郎，处处是榜样"；但是，也有人说他是"傻子"，尽干"傻"事。每当听到这些"评论"时，李素芝常是一笑了之。因为，在他看来，"能为大家做点力所能及的事，我愿意当这样的傻子，干这样的傻事。比起雷锋来，我干的傻事太少了。"

李素芝说："最大的幸福是给病人解除痛苦，只要给病人解除了痛苦，我就感觉体现了自己的价值，有种成就感和幸福感。"、"其实，这么多年来我不是没有机会离开西藏。但是我不愿意离开，这里有我的事业平台，这里有需要我的官兵和群众。在这里呆久了，我对这里有感情了，到内地反倒不习惯了。"从这些话里，我们也可以看出，李素芝之所以对生活充满信心和热爱，源于他对党和人民的无限忠诚，源于他坚定的理想信念和坚强的党性，源于崇高的历史使命感和强烈的政治责任感，源于对事业的挚爱和执著，源于对人民群众的深厚感情和炽热情怀！

李素芝的父母常常告诫他："爱党爱国爱人民，首先是在任何时候都不能脱离群众。"

翻看李素芝少年时期的日记，里面有这么一段话："一滴水只有融入大海才能体现生命价值，一个人只有融入集体才能得到健康成长。力量从团结中来，智慧从劳动中来，行动从思想中来，荣誉从集体中来。我要永远戒骄戒躁，不断前进。"

李素芝是一个非常热爱劳动的孩子。每逢节假日，在田地里，你总能看到李素芝参加劳动的身影。

一年暑假，正碰上大旱。为了抗旱，一连10多个昼夜，十几岁的李素芝同乡邻们一起踏车拉水，脚底板都磨出了血泡，却一声也不吭。

在他的家乡，李素芝干活是出了名的快，即使是村里的壮年有时也比不不上他。他一天能割一亩小麦或一亩水稻，一天能锄半亩花生地里的草。

另外，在农村使牛耕地都是中老年人的技术活，指挥牲口劳作不是一件容易的事。然而，只有十几岁的李素芝，不仅能使牛耕地，而且还能使牛拖耙。每当秋季抢种时，你都可以看到，他深一脚浅一脚的行走在水泥田里地，耕田耙田。大家看着李素芝这样为集体苦干，都很受感动，说他真是个"好苗子"！当他的同学看他到这么卖力地在田地劳动的情景时，不明白地问："你不好好学习，把青春消磨在这样的劳动中有什么意思！"李素芝却回答说："远大的目标始于足下，伟大的理想见于行动。没有集体，就没有成长的空间；没有流血流汗，就不能炼成钢铁，没有一犁一耙的耕耘，就不能体会到农村的艰辛。"

李素芝优良的品德、一心一意为群众服务的思想、过硬的综合素质，得到了人们的普通认同。村里组织儿童团，他全票通过当选为团长。当了团长之后，他做起事来更是不辞劳苦。平时，不论是什么样的劳动，李素芝总是上工在人前，收工在人后，而且总是拣重活脏活做；他还召集全村少年儿童，成立儿童巡逻队，晚上组织少年儿童为村里巡逻，维护治安；放学后，他带着儿童团员为五保户、军烈属搞卫生、抬水……

少年时期的李素芝，不但热爱劳动，而且热爱学习。在校学习期间，李素芝非常勤奋，学习成绩一直很优异。他认真听讲，抓住生活中的点滴时间读书。李素芝的教室后面，有个读书角，里面的书籍全是靠课间及吃饭的时间读完的。当同学们在玩耍的时候，他在读书；当同学们在讲吃、讲穿的时候，他还在读书……

除了学习外，李素芝的二胡拉得好、乒乓球打得也棒。在学校文体比赛中，李素芝曾多次获冠军，但是他从不骄傲，反而很谦虚，所以，同学们都很佩服他，老师也都很喜欢他。

20世纪60年代初期，李素芝随父母到工地上宣传毛泽东思想。会表演、会伴奏的李素芝，与他的三弟李界芝以山东快书的形式，合演了"纪念白求恩"，他们声情并茂、惟妙惟肖的出色表演，赢得了群众一阵又一阵的热烈掌声。

此后，李素芝被选入社教宣讲团，深入县乡进行宣讲，深受各级领导和群众的欢迎。

农村朴素的生活，艰苦的劳动，教育了李素芝，也锻炼了李素芝。使他成长得更加结实，意志也更加坚定了。黝黑的皮肤，粗壮的胳膊，结满了老茧的双手，练就的一颗红心，以及和农民在劳动中结成的深厚感情，一切的一切，都可以看作是李素芝少年时代成长的标志和追求进步的起点。

有人问李素芝："在西藏这么多年，您最大的痛苦是什么?""没有照顾到家里人，我欠他们太多了。"李素芝语带无奈的回答。

进藏20多年，李素芝休假时间加起来不到半年，而每次休假时，他都要到母校学一项新业务，这是几十年来，他给自己定下的一条"铁"规。由于和女儿楠楠相处的时间是少之又少，两人之间的父女深情一直无法建立起来，至今女儿楠楠未叫李素芝一次"爸爸"。

李素芝说："从小受的正统教育比较多，父母对我要求比较严，

82

不过在家里五个兄弟姐妹中，父母最疼爱的是我。"然而，父母最疼爱的李素芝，却被忠孝不能两全的痛苦折磨着。

1999 年 8 月份的一天，像往常一样，李素芝埋头在实验室里做实验。当时，他正在用一个动物——猛犬做实验。当他给一条猛犬注射麻醉后，终于再也抵抗不住连续熬夜的疲劳，晕睡了过去。谁知，这一睡就是好长时间，实验室又空无一人，猛犬醒来后，挣脱了捆绑，并向李素芝咬去，直到这时，李素芝才醒。

然而，肉体上的痛还没消，精神上的痛苦紧跟而来——他接到老家打来的电话：母亲病逝了！丧母之痛挥之不去，而实验又不能中断，这真是痛苦的折磨。然而，痛定思痛的李素芝，却又在实验室里待了三天。直到第四天早上，他才跌跌撞撞赶回山东老家。到家时，母亲已下葬，连最后一面都没见成，这成了李素芝心中永远的遗憾。在家呆的那几天里，李素芝怀着对父母深深的愧意，流着眼泪给父亲按摩了两个多小时。三天后，他又回到了西藏。没想到，这次又是与父亲的诀别——两个月后，他父亲撒手人寰。接二连三的打击让李素芝病倒了，在他心中，交织着百转千回的痛……

其实，李素芝亏欠的，何止只是对父母尽孝而已，对爱人和孩子，他同样亏欠了很多。"1983 年，我从上海进修回来，在医院做了一个手术。手术完后病人情况不太稳定，我在手术室里呆了七天守着病人没出门，心情很不好。我爱人来给我送饭，我把饭扔了，她哭着走了。等到病人情况稳定后，我才回家，给爱人赔礼道歉。想起来，这么多年她真的辛苦了。"忆起往事，李素芝满怀愧疚。

李素芝的女儿，名叫楠楠，如今已是 27 岁的大姑娘了。然而，每当提起女儿楠楠的时候，李素芝的心里就酸酸的。因为直到女儿 15 岁，他都没听到女儿叫过他一声"爸爸"。

女儿楠楠出生后不久，便被送往妻子郭淑琴的在大连的姐姐家里。楠楠 13 岁那年，对她疼爱有加的姨妈因长期劳累也瘫痪在床，再也没法照顾她了，楠楠这才被接回家，开始跟着妈妈一起生活。妻子郭淑琴为了照顾女儿楠楠，转业回到了内地大连，而李素芝则继续留在西藏高原工作。

在女儿楠楠的心目中，"爸爸"只是一个既熟悉又陌生的名词。小时候，楠楠经常问妈妈："爸爸在哪里，他怎么不回来看我们？同学们都说我没有爸爸，不跟我一起玩。"

妻子郭淑琴安慰女儿，说："孩子，你有一个好爸爸，他在很远很远的地方工作。等到过年的时候，爸爸就会回来看我们！"

就这样，楠楠想啊、盼啊……过了一年又一年，楠楠始终没有见到爸爸的身影。终于，楠楠说："我不要这个爸爸了。"

有时，李素芝给女儿楠楠打个电话，每次楠楠接到，要么不说话，要么喊一声："妈，你的电话"。楠楠似乎没有什么要和这个爸爸说的。

楠楠长大了，可让她叫一声"爸爸"，都很难开口。即使在大家面前，楠楠对爸爸的称呼也只是"李叔叔"、"李素芝"，楠楠说："我不是不爱爸爸，就是叫不出口，总感到叫他'爸爸'怪别扭的。"每当此时，人过中年的李素芝不由一阵心，尤其是 2002 年发生的"送机"事件，至今让李素芝印象深刻。

故事发生在 2002 年 4 月 23 日，作为研究生导师、院长的李素芝前往重庆第三军医大学参加论文答辩，答辩结束后，刚在家呆了一天的他就接到了部队的通知，要他立刻返回部队。当时，前来送行的除了妻子郭淑琴、女儿楠楠外，还有副院长雷明权一家三口。临别时，副院长的女儿雷蕾抱着李素芝大哭，舍不得他的离开，而他自己的女儿楠楠却默默无语的站在一旁，一句话都没有。

时空的阻隔，冲淡了父女间血浓于水的亲情。但是，他相信，总有一天女儿会理解自己的。事实也确实如此。如今，那个曾经怨恨父亲的女儿，最终选择了父亲的道路——楠楠毕业时主动要求到西藏工作。也正像李素芝所说的，"不过，现在女儿挺佩服我的，她说我事业心强，现在我们感情也加深了。我想，等我退休后我就带着她们母女出去旅游，就当是我对她们的补偿吧。"

李素芝就是这样一个忘我工作的人，人们都说他是一个工作狂，他把自己的事业看的比亲情、爱情还要重。对他来说，祖国需要才是价值，无私奉献才是幸福。李素芝曾说："要把生命的价值书写在地球之巅"，这是多么豪迈的人生志向！32 年来，正是这样的理想和志向，激励着他勤勤恳恳、艰苦奋斗、殚精竭虑、孜孜以求、为服务边防官兵、服务藏族同胞、保卫祖国边防贡献了自己的青春、智慧和力量，他说："我们在西藏很苦，但我无怨无悔"。他的这份付出有了回报，他赢得了边防官兵和藏族群众的衷心爱戴。

3. 一心为民的好支书官锦初

20 世纪 80 年代，水石村可是"大名鼎鼎"的穷困村，那里地贫瘠，又是多个县交界之处，交通十分闭塞，长期被政府列为重点扶贫村。

据说，官锦初出生的时候，家里的人便对他寄予了当官的厚望。19 岁那年，官锦初带着"军官梦"走进部队，两年后加入了中国共产党，并成了班长。不过，部队里有规定：没上军校就不能转干。无奈之下，1981 年，当兵 6 年的官锦初退伍回到了贫困的家乡水石村。再回水石村，官锦初的感觉是既熟悉又不熟悉。村里的情况让他触目惊心：已经是 20 世纪 90 年代了，村里居然还有人家一星期吃不上一顿饱饭，大部分家庭都是住的泥砖屋，没有电话，甚至连电视讯号也收不到。

村里人看到这个曾经为国家流过血、立过功的人，如今又回来当起了农民，都纷纷开始打抱不平起来："凭你当过几年的兵，打政府给你安排个工作也是合情合理的。""你以前吃过那么多苦头，政府应该给你一些补贴。"不过，其实官锦初心里早就打定了主意：自立自志，凭借着自己的双手去闯一番。

一开始，官锦初想做木材生意，后来了解到政府的新规定后，又打算农副业生产。经过一番调查后，他觉得农村鸭子销路好，便做起了贩卖小鸭子的小本生意。尽管这是一个又脏又累的活儿，但官锦初却脚踏实地做了 6 年，严寒酷暑，起早贪黑，风雨无阻，后来居然积攒下了 3 万多元钱。也许现在看来，3 万多元钱并不多，可在 80 年代的小山村里，这对于很多人来说都是一个天文数字。

后来，随着国家改革开放政策的深入，市场经济逐步兴起，沿海地带成为经商的最好去处，充满机遇和活力的珠江三角洲便深深地吸引着官锦初。于是 1987 年，不甘落后的官锦初离开了水石村，独自去外面闯荡。但由于缺乏经验，他先是在广州经营食品失败，后来到深圳代销化妆品也不理想。最终，他将目标锁定在了服装厂，不过这一次他吸取了前几次失败的经验，先是学习市场学，又学习经商术，终于在东莞办起了华达服装厂。在他的精心运营下，企业由原来的 2 名员工发展到了 30 名员工，每年的纯利润达到了 20 多万。在家乡水石村人的眼里，官锦初已经是一个大老板了。

就在官锦初的事业如日中天时，1996 年的一天，水石村年近 60 的村支书肖权成找到了他。肖权成老人当了水石村 25 年的党支部书记，为人老实厚道，但这么多年他始终没能使水石村脱贫致富，心中也很不好受。这次，他是到特区参观学习的，顺便就去找了官锦初，语众心长地对他说："我当了这么多年村干部，工作没少做，但效果并不明显，可能真的是能力有限吧。现在我就要退休了，想为村里人找个接班人，你在部队里呆过，又见过世面，我代表乡亲们请你回去领着大家致富。"

老支书的一席肺腑之言，使得官锦初一夜无眠，他翻开覆去都在想过去的往事。当年，是老支书送他入的伍，退伍后又是老支书鼓励他发展养殖业，这些他怎么能忘了呢？现在自己的日子好起来了，可是乡亲们的日子还是很落后呀！怎么能光顾自己致富而忍心看着乡亲们受穷？可是转念又一想：回去当个村官，每月工资只有200元，能不能正常领取，还是未知之数！万一失败了怎么办？别人会怎么说自己？放着大好的日子不过，去当那个又累又不讨好的村长，究竟图啥？别人干了那么多年都没干好，自己凭什么就能干出名堂呢？可是，不试试又怎么知道不行呢？

想到这儿，官锦初毅然做出了一个决定：回到家乡，他毅然接过了这副光荣而又沉重的担子。1996 的夏天，官锦初将服装厂交给了女儿和女婿来打理，自己带着一个梦想回到了那个生他养他的小山沟。

为了让自己更快地熟悉村里的情况，官锦初一开始请求先做一段时间的副书记。直到 1999 年老支书退休后，村里进行换届选举，官锦初凭借过人的能力和出色的业绩赢了广大村民的信任，最终以98.7% 的高票当选村委主任，并被上级任命为民兵营教导员。

放弃了富裕的生活，回到了贫穷的小山村；放弃了令人羡慕的收入，拿起了微薄的工资；放弃了企业管理者的身份，当上了一个小小的村官。是什么让官锦初做出了这样的决定？其实就是一份责任心，想为家乡人出一份力的责任心。

官锦初不仅有想法，脑子里也总有用不完的办法，这点领导艺术可是非常有必要的，他总是能将"软""硬"尺度拿得很准。有时候，他看了很多脸色，也赔了不少笑脸，可是有时候，他却非常果断刚毅。

当上了村官之后，官锦初感到自己肩上的担子沉甸甸的，不善言辞的他对村民们许下了朴素的承诺：一定要让水石村的山都种上果，田地都种上庄稼，村民都有活干，过上好日子。不过，说归说，怎么样才能实现这些"远大的目标"呢？官锦华又拿出了一个"三句口令"的准则，这是他在部队时常用的工作思路：首先，万事开头要"立正"。村党支部的思想认识需要提高和端正，提倡每个成员都结合水石村的实际情况，写一份心得体会，再综合梳理形成正确的发展思路。其次，要"向中看齐"：强化大家的团结意识。俗话说的好："二人齐心，其力断金。"只要大家都能拧成一股绳，就可以形成坚定的整合力。最后，就是要"向前看"：明确当前村干部的主要责任，增强村民的信心，带领全村人奋力拼搏。对于群众最为关心的财务问题，官锦初承诺村委会做到月报、季度报、年度报，公开透明。他还规定，凡是超过100元以上的开支，必须经过班子审批才行。对于水石村的村民们来说，这是一次别开生面的大会，在村中心的操场上，鲜艳的党旗迎风飘扬，50多名老党员庄严宣誓。

此后，他一直致力于如何使村民更快致富的问题上。水石村的穷困人口占到全村人数的将近一半，多年以来村里都流传着一句顺口溜："泥砖屋，贫困户，荒着农田等救助，躺在竹床想媳妇"。上任之初，官锦会便和全村的党员开了一场讨论会："怎样让贫困户摆脱贫困"。他认为，想要走上致富的道路，就必须突破贫困户、特困户这个"瓶颈"。于是，他开始走村串户，踏遍了水石村的32道山山岭岭，终于找到了一个突破口，他认为要想让村里的人摆脱贫困，最快的办法就是调整农业结构。为了让大家更加信服，他还带着村干部到外面看一看，让他们看一看外面的世界，接触一下发达的科技，回来之后便召开了一次会议，大家都深有感触。当然，一些人也认为：别的地方发展地好，那是因为人家条件好，水石村没法与之相比。这也使得村委会很快就找出了贫穷的根本原因：观念落后，小农思想严重。官锦华清楚地说道："大家能做到的，我们也能做到"。

1999 年春天的一个早上，官锦初在村委会的"公告栏"上贴出了一张"烧荒山种果树，齐心协力致富奔小康"的公告，立刻便引起了村里人的高度关注。很多村民都说："我们祖祖辈辈都是靠着土地里的粮食活下来的，哪有将漫山遍野做果园的?"有些人甚至还说："烧山会烧掉水石村的风水，以后子孙都旺不起来的。"种果树是要趁节气的，眼看着好时机就要过去，那样就得再等一年，村委会实在等不起了。于是，一个炎热的下午，官锦初决定强行烧山。当他们把一切都准备妥当后，意想不到的一幕出现了：几个村民躺在自家的承包地上，死活就是不肯起来。到底是让步还是坚持呢? 官锦初的心里一直都很矛盾，如果妥协，那么这样的事情就会发生第二次，第三次，这山上永远都会荒下去。两相矛盾，如何是好?官锦初犹豫了一会，站出来大声宣布："凡同意烧山的，一律无偿提供果苗，并由村委会请专业队挖树坑送肥统一管理；凡阻挠烧山种果，并且给国家集体和他人造成严重后果的，一律追究责任!"看着村长这么严肃，那些闹事的人似乎也有些底气不足了，官锦初随后便果断地带人打着一桶桶煤油上山，将沉睡了几百年的荒山野岭给烧了。谁也没想到，这一把火竟然烧出了致富路。

可是，水石村的耕地面积只有 2400 亩，人均还不到半亩地，祖祖辈辈都延续着一年"两稻一菜"种植模式，由于耕作方式较为落后，每亩地粮食产量还不足 150 公斤，如此下去连温饱问题都难以解决，又谈何发家致富呢？官锦初和村里的几名干部去咨询了农科专家，决定将"两稻一菜"改为"一稻二菜"，将重点放在红辣椒、四季豆、油菜籽等经济作物上面，一定可以增强村民的收入。为了让村民们更加信服，他还给大家算了一笔账，结果表明改变土地结构后一亩地可以增收 6000 元。当然，这个结果是十分诱人的。但是，已经习惯了"两稻一菜"模式的村民们，还是对这项改革持半信半疑的态度。他们的担心不是多余的，万一菜没有种好，会影响水稻的收成，那时候日子岂不是会更苦？

为了彻底打消村民的疑虑，官锦初和其他几位干部商量后，决定从集体中拿出一部分钱头来菜种，给那些愿意尝试的农民试种，亏了是村委会的，赚了是农民的。党员先带头种，然后再手把手地教给村民，他们还定期请来农科专家来视察，对村民进行实用技术培训。仅仅 3 个月之后，那几十户带头试种的农民便收回了成本，还净赚了 2 万多元钱。效益一出来，村民们自然都跟着种起来。1999 年的冬天，全村一共种下红辣椒 400 多亩、四季豆 500 多亩，第二年开春，光是卖菜就为水石村带来了 16 万元的收入。农业结构的调整，激活了山区的发展潜力，使农民看到了脱贫致富的希望。

为了使蔬菜的销售渠道稳定下来，党支部书记搞起了"公司＋农户"的订单农业模式，还和香港一家果菜签订菜籽合同，形成了一条龙服务的规模化生产。截止到 2001 年时，全村的冬种蔬菜已经达到了 2100 亩，占地全村耕地的 80% 以上，村民的生活都发生了翻天覆地的变化。

官锦初认为，要想提高农村基层党组织的威信和凝聚力，就必须大力发展集体经济，这样才能为村民多办实事、办好事。于是，在一个艳阳高照的日子里，在水石村的山头上，官锦初带着全村党员造林种果。为了让村民们没有后顾之忧，官锦初做出了一个大胆的决定："谁上山种苗，谁收果，谁得利。"经过大伙一个多月的辛苦奋战，硬是将一座杂草丛生的荒山变成了一座"财富之山"。在坡度高于25度的350亩山坡种上荔枝、龙眼、黄皮，高于25度的山岭则种上了经济林，诞生了水石村第一个集体产业"七一果场"。随后，官锦初又带领全村党员兴修水库，搞起水上养殖业，水上有鸭，水下有鱼。官锦华上任之初，村集体根本没有多少"家底"，可是一年下来账上便积累了50多万元，成为全镇最富的村集体。这些资金也为水石村的发展提供了重要的物质保障，在村校改建中起到了重要作用。

村民肖焕云也是一位退伍军人，他家里共有5亩多地，2002年他分别在地里上种上了辣椒、四季豆、红烟、菜心种子和荔枝、龙眼等副作物，一年下来纯收入达到了3万多元。每每说起这些，肖焕云都会由衷地说道："还是官书记的那把火烧得好啊，我做梦都没想到我现在也会是个万元户，家里彩电、冰箱、电话机都齐全。"

后来，在官锦初的带领下，党支部成立了帮扶小组，展开了"一帮一"的活动。为了起到模范带头作用，官锦初和村里最穷的一户人家郭珍结队。他们一家人挤在一间泥瓦房里，一年到头来也难得吃上一顿饱饭，还欠下外债2万多元钱。他指导郭珍夫妻种辣椒、四季豆，引导他们扩大种养规模，发展家庭副业。结果当年的收入就达到了5万元。已经步入小康的郭珍逢人就夸："没有官书记和党支部的支持，就没有我们家今天的好日子。"在官锦初的鼓舞下，村民们对未来都抱有很大的信心和希望。现如今，水石村的村民们生活水平步步高升，很多人家都盖上了小洋楼，还流传起了一首新的歌谣："新楼房、富裕户，家家奔上致富路，住上楼房娶媳妇，群众感谢党支部"，这是水石村今日流传的新歌谣。

水石村的山还是那个山，水还是那个水，人也还是那个人，可是生活也早已经不再是以前的生活，从带头致富到带领群众致富，官锦初始终只有朴实的一句话："我是个共产党员，我是在履行共产党员的职责。"

官锦初以一个退伍军人的身份，跳到了一个村长的身份，他牢记全心全意为人民服务的宗旨，带领村民与时俱进，艰苦创业。只用了短短三年的时间，就将一个重点贫困村变成了一个扶贫示范村和全省的模范村。

过去，连接水石32个自然村的都是乡间小路，晴天还好说，遇到刮风下雨天，就会出现"无路"的情况，水石村也变成了一个孤岛。有好几次，村民们好不容易盼来了好收成，可是由于道路的问题却只能眼睁睁地看着果实烂在地里。于是，修路便成了水石村村民们长久以来的一个梦。官锦初上任后，他决定解决这个问题。1997年，村委会开始筹资，一听说要修路，很多村民都将自家辛辛苦苦攒下来的钱拿了出来，但和修路所需要的巨额数目相比，还远远不够。于是，官锦初便以村委会的名义，向所有在外的水石村人士发出了倡议书，他自己也一遍又一遍地跑到深圳和珠海等地去筹款。亲朋好友见状都劝他："修路又不是你一个人的事情，何苦要如此卖命？"但官锦初从来不理会这些话，他一心想的就是早日为乡亲们圆梦。

听说了官锦初的行动后，很多在外面办公司的人都被他感动了，纷纷慷慨解囊。很快，一沓沓现金就放到了官锦初的手中，捧着这沉甸甸的金钱，官锦实的眼睛湿润了。他心里很清楚，它不仅仅是金钱，更包含着乡亲们对他的信任，一定要将这件事做好，否则就对不起大家的一片赤诚之心。筹到款的第二天，官锦初就带着村民开始了艰难的修路工程，很多村民都愿意义务出工，他们从河里搬来一块块石头做路基，挑来一担担河沙铺路面。终于在两年之后，32个自然村的村道一条条修通了，由水石村通往镇里的水泥硬底公路也通了，共投资170多万元。村民们看着多年来的愿望变成了现实，看着第一辆运送蔬菜水果的汽车开进村里，心里别提有多高兴了。路修好了，外面的人可以进来，村里的人也能够出去，村民们致富的路子也越走越宽了。

在任期间，官锦初真正做到了"不乱花公家一分钱、不收村民礼品和红包"。"廉政爱民、廉而生威"，官锦初就是这样一点一滴地为水石村的村民们贡献着，也赢得了全村人的信赖与拥戴。

农业结构的调整，使得水石村已经不需要那么多人种地了，这下人多地少的矛盾就凸显了出来，怎么办？想来想去，官锦初想出一条"转移富余劳动力"的方案，既能让这些人有用武之地，又开发出了一条致富的路子。不过，这件事情说起来简单做起来难。官锦初为了能够更好地落实，先是做了一系列的铺垫工作，如对村里的2000多名青壮年的文化程度、身体素质及家庭结构等进行调查，再根据他们每个人的情况制定了一个详细的方案，然后他就带头去找出路。

他先后去找了很多在深圳开厂办公司的水石村人，很多人一听说官锦初是为了村民而来，都热情地接待了他，并给村里的青年安排工作。有一次，官锦初手里拿着一张印有"奋达实业有限公司肖奋总经理"的名片，拨通了上面的电话，可是对方却没有人接。后来，他多方打听找到了公司所在地，当时天已经很黑了，厂里面静悄悄的，可是里面却一个人都没有。后来，几经周折才又打听到了肖奋的新电话号码，几天后他敲开了肖奋的办公室。肖奋大学毕业后，在深圳自己创业，事业干得红红火火。村长此时突然出现，他还以为是为了私事而来，生硬地问道："你儿子不是还小吗？找我有什么事?"当他听官锦初诉说了前因后果时,深深地被感动了,当即便表示愿意接收村里的富余劳力。

这些青年在外打工,再将赚的钱寄回家里,也算是为村里做了好事,很多人家的新房子就是用儿女们寄回来的钱盖起来的。在官锦初的影响下,这些青年也都具备知恩图报的品德,他们积极地为家乡的建设出力。有一次,一个叫肖迪青年为家乡捐了1000元,而他每月的工资才不过1000元。

乡亲们的信任,让官锦初感到了沉甸甸的责任。他一直提醒自己:一定要秉公办事,对群众一视同仁,否则很容易出事。有一次,一名村干部在处理纠纷时,偏袒了自己人,官锦初就狠狠地批评了他。除了必要的开支外,村委会的人从来不乱来一分钱,而为了村里修路扶困,官锦初还前后垫支了4万元多钱。

在水石村,官锦初是有口皆碑的,这不仅因为他是带领大家致富的人,同时还因为他是一个大好人。在中国,"好人"是很高的评价。的确,水石村的一山一水、一草一木,无处不渗透着水石村党支部书记官锦初和支委们的血汗。

水石村的人们过上了富裕的生活,大家的脸上都露出了开心的笑容,这对于官锦初来说无疑是最大的回报。说起水石村的巨大变化,村民们无不翘指称赞:"致富路上跑得快,多亏军人出身的官锦初书记把头带。"

脱贫的问题已经得到了解决,此时官锦初的下一个目标就是破除村民们的一些陈旧观念,让村民们的精神生活充实起来。为此,他还提出了一个新的口号:富了今天富明天,富了口袋富脑袋。过去,水石村的村民都很迷信,有的人生了病不去看医生,而是去找巫医;有的人出门还要看日子,盖房子要讲究风水。曾经有一位村民得了急性阑尾炎,可是家里人却翻黄历说那天不宜出门,结果差点闹出了人命。

为了破除村民们的迷信思想，官锦初在村里大张旗鼓地开展崇尚科学、根除陋习等教育活动，取得了很好的成效。如今每到春节，求神驱鬼的现象不见了，取而代之的是文艺演出和知识竞赛等有意义的活动，平时羞于表演的农民也大方地走上舞台，展示自己的才艺。2003年春节，对于水石村的人来说是很有意义的，大年初一的早上：十几辆豪华轿车打破了小山村的沉静，轿车浩浩荡荡地开到了村委会的大院，官锦初和全体村干部早已经在那里等候，他们与车上下来的人紧紧地握手拥抱。原来，这些人都是外出开厂办企业的人，他们曾经为家乡的建设出过不少力，这次村委会特地把他们请回来，与乡亲们共度新春佳节。

不过，期间还是出现过不少不和谐的现象。毕竟在农村，移风易俗是一场最为艰难的变革。打下这场硬仗，需要村官有文化，而且是先进文化。

有一次，一个村民的母亲去世，他们家人悄悄地进行了土葬，后来群众向村委会反映此事。官锦初马上带着村干部去山上寻找，可是找了好几遍也没有发现在哪里。

由于找不到"证据"，那个村民也不承认有这样的事情，态度还十分强硬，说道："到底是谁在胡说八道呢？我母亲是去湛江看病了。"

官锦初看他这样，就将错就错地说道："是吗？你母亲生病了？作为村干部，我理当去看看她老人家，我有车，我们现在就去，行吗？"

一看他要来真的，那个村民马上就急了，马上说："这么远，就别去了吧，过两天她就回来了。"看到他这个样子，官锦初心里也更有底了，于是又坚持说道："那怎么行，我一定得去看看。"

村民看他如此执著，只好又提出了条件："就算要去看，那也得买一些东西，空手去怎么行？"官锦初一口答应下来，并催着村民上路。

走到车跟前时，这个村民实在招架不住了，他哭着对官锦初说道："村长，你就别再追究了吧？我母亲都已经下土了，要不你罚我点钱也行，让我尽尽孝心还不行吗？"

听了这话，官锦初感动有些于心不忍，不过他知道如果自己软下心来，那么村里面还会有其他人这样做的，因此还是硬着心肠拒绝了。后来，他苦口婆心地对这个村民讲道理，直到说服他同意火葬为止。从此以后，水石村再也没有发生过一起偷葬的事情，火化率达到100%。

农村的习惯势力强大，很多人都固守旧观念，这一点官锦初是可以理解的。不过他认为，旧思想早晚会解除，他绝对不会向习惯势力低头。

村里的学校原本是一间破庙，没有围墙，也没有校门，官锦初觉得让孩子们在这里上学很不好。于是在村委会上，他提出要拆庙建校，可是这祠庙原是村里第一大姓肖氏家族用来祭祀祖宗的，如今他提出要拆庙，无疑是"大不敬"的做法。尤其是肖姓家人听说了之后，更是接二连三地找上门去，有些人甚至声称要"修理"官锦初……

为了能够让村民理解这一做法，官锦初和村里的干部们一起挨家挨户地串门，不断地给肖姓人家讲移风易俗的道理，讲培育下一代的重要性。一次不行就两次，两次不行就三次，终于，肖姓家族的人终于被感化了，拆庙建校如期动工。半年之后，一所崭新的校舍建成了，望着窗明几净的教学大楼，教师们乐了，村民们乐了，孩子们更是乐开了花。

2000 年春天，天空下着毛毛的细雨，官锦初到村里检查计划生育工作。当他走到一户人家时，眼前的情形让他有些惊呆了：这个家一贫如洗，屋里只有一张破旧的床，一张已经看不清楚颜色的桌子，几件破旧的衣服堆在桌子上。家的主人已经 60 多岁了，妻子已经不在，孩子只有 7 岁，村长的突然到访，让这位老人显得有些手足无措。官锦初了解到，平时老人都是靠地里微薄的收入来维持生活，很少给村委会添麻烦。他自己觉得很惭愧，这么质朴的群众，不该过这么穷的日子。他握着老人的手说道："我一定会让水石村富起来，让下一代活得比这一代好。您老人家把孩子带大，让孩子好好读书，生活困难的话去找村委会。"后来，老人的孩子已经进入学校学习，由村委会承担了全部的学费。

有人曾经问他：一名好的村官，应当具备哪些能力？官锦初这样答道：一要懂经济，这样才能找到致富路子；二要对农村了解，这样才能学会用土办法解决问题；三要办事公正，保持"一碗水端平"；四要有点文化，才不会旧思想所束缚；五要能说会道，这样才能善于说服大众，利于工作的展开。

贫困村终于摆脱了贫困，而水石村的村委会新一届选举又到来了，在 32 个自然村推荐的村委会主任候选人名单中，都是一个名字：官锦初。官锦初是个平凡的人，他的岗位也是十分普通的，可是他却做出了不平凡的事情。官锦初的可贵之处就在于，对待很多小事都很认真，把每小件事都当成关乎村民命运的大事去做。

一个村官想要村民服气，就必须通过做实事赢得村民的信任，这就要求他们一心为公、为人正直，有人格魅力。而官锦初仅仅用了 3 年，就使水石村一跃成了全镇的首富村、全市的脱贫示范村、全省的模范村。他没有惊天动地的壮举，只有大得民心之举，这就足以让他得到大家的信赖。严格说来，村官不算官。但就是这样一个不算官的官，上连着政府，下连着农民，维系着全面建设小康社会的伟大事业。

4. 当代转业军人楷模黎广森

1958 年，黎广森出生于广东省兴宁市坭陂镇东红村一个贫苦农民家庭。1977 年 1 月，他应征入伍。1978 年，他就因工作积极，先后五次获得了嘉奖，当上班长，加入了党组织。这年冬天，部队组织到湖北沉湖农场施工，黎广森不怕苦、不怕累，处处起着模范带头作用，最终带领全班圆满完成了施工任务。在施工表彰大会上，黎广森荣记三等功一次。年底，他破格被提拔为排长。1979 年初，他随同所在部队参加了对越自卫反击作战。作战中，他身先士卒，指挥全排战士以精确的炮火近距离压制了敌人的火力，为大部队穿插进攻扫清了许多障碍，荣立三等战功。自卫反击战结束后，黎广森被选送到到信阳陆军学院学习深造。从陆军学院毕业后，他又先后担任了副指导员、副连长、代理指导员等职。

1987 年 6 月，因部队整编，黎广森被组织上确定转业，回到了阔别多年的家乡。转业后，他原本可以到县城比较好的单位工作，但由于他十分钟情于武装工作，因而就主动提出到坭陂镇武装部工作，负责军转安置的领导也同意了他的要求。

多年来，黎广森改行的机会很多，他完全可以换一个收入高、待遇好的工作，但他却并没有这样做。有些亲戚、战友看他在基层干武装工作，既劳累，又清苦，就常常劝他说："不要太死脑筋了，还是找机会换个好单位。"而他却总是回答说："干武装工作是我自己选择的，我本来就是个当兵的，就适合干这个工作!"

坭陂镇是一个出兵大镇，更是穷乡僻壤，在那里，有许多复员转业军人和伤残军人，面临的实际困难也很多。为此，黎广森就常常会思索一个问题：如何让他们退伍不褪色，正确对待个人困难，为军旗增光添彩?

官陂村有一名叫肖苑灵的军人，曾在部队一次高强度训练中，不小心受了伤，右关节粉碎性骨折，造成三级甲等伤残，完全丧失了劳动能力。1990年12月，他复员返乡，被安置在了镇粮管所。没过几年，又下岗待业，后来，就搬回了农村。当时，他就感觉心灰意冷，有了轻生的念头。就在这时，黎广森走进了他家，对其进行开导。黎广森说："比起那些牺牲在战场上的同志，我们要幸运得多，有什么理由不能坚强地活下去。"推心置腹的话语，顿时燃起了肖苑灵重新面对生活的勇气。

一天晚上，肖苑灵怀孕7个月的妻子不小心摔了一跤，造成早产大出血，情况非常紧急。就在这时，肖苑灵马上想到了黎广森，便立刻给他打了求助电话。接到电话的黎广森听说情况后，骑上摩托车就往肖苑灵家中赶去，帮忙将产妇送入医院。由于送得比较及时，产妇顺利脱离危险，孩子也平安降生。到了第二天，黎广森又把自己家养的三只老母鸡送到了肖苑灵家。

几年来，在黎广森的帮助之下，坭陂镇先后已有180名退伍军人通过发展特色经济作物或外出创业而走上了发财致富之路。黎广森用自己的实际行动，带动并造就了一批优秀的复员转业军人。

对自己的事业，黎广森充满了无限的热爱，干部和群众们也都非常信任他，对他有着很高的评价。在坭陂镇武装部工作期间，不管是当干事、副部长，还是当部长、镇党委委员，他始终都保持着军人的本色。对上级领导的指示命令，他总是会坚决执行，从不打折扣；每次接到任务，他也都会认真落实，从不拖拖拉拉，随便应付；在工作中，他敢于坚持原则，敢于较真碰硬，从不怕得罪人。

有一年，上级领导要求所有基层武装部的建设都要达到正规化标准。为落实上级指示，进一步完善配套武装部的硬件设施，黎广森就积极主动向镇领导写报告提建议，天天找书记、镇长在报告上签字，希望他们能够帮助解决建设经费。书记、镇长看了他的建议后，很快就答应了他的要求。等解决了建设经费这一问题，黎广森又找到镇党政办主任出面进行协调，为武装部增加了一间办公室。最后，在黎广森的积极争取和努力下，坭陂镇武装部的硬件设施得到了明显的改善，按时完成了正规化建设的任务，受到了兴宁市人武部领导的一致好评。

黎广森常说："要做好基层武装工作，不仅要有过硬的本领和良好的素质，而且要带头干、多流汗，光靠发号施令是不行的。"每年组织民兵训练时，他都会亲自任教练，给民兵们做示范，和他们一起摸爬滚打，一起参加考核。由于他率先垂范、组织严密、要求严格，坭陂镇每年的民兵训练任务都落实得很好，每次参加兴宁市人武部组织的训练考核都名列前茅。

坭陂镇的干部和群众们都说："黎广森是一个'拼命三郎'，干起工作来不要命，到了危急关头，更是不顾个人安危。'有麻烦就找黎部长'，'救山火找黎部长'，这早已成为大家的'口头禅'。"

2003年5月17日，兴宁市遭遇了一场百年不遇的特大洪水。当时，位于宁江下游柑子村一公里长的河堤上，发生了七处管涌。倘若不迅速排除险情，河堤很可能会被洪水冲垮，就连附近的三个镇也会被淹灭，这样一来，近20万群众将会受到无法估量的损失。在这万分危急的形势下，黎广森立刻组织起民兵应急分队，冒着倾盆大雨，连夜赶到了河堤上，与柑子村的干部和群众们一同扛沙袋，

堵管涌，以加固堤坝。在抢险过程中，黎广森既当指挥员，又当战斗员，时刻冲锋在前，顾不上休息。终于，经过连续十几个小时的奋战，险情排除了，河堤保住了，而黎广森却累得倒了下去。

一天傍晚，全家人正在吃饭，黎广森突然接到了镇里一处山林失火的报告，于是，他连饭都顾不上吃，仅服了几片止痛药，就骑上摩托车赶到现场，参加扑火行动。第二天，山火扑灭了，而黎广森的衣服却被溅在身上的火星烧出了许多小洞，穿在脚上的一双军用胶鞋也被山火烤得焦糊。

到了中秋节那天下午，黎广森正准备下班回家和家人团圆，突然接到了报告，说是柑子村有两户人家因道路问题发生了争执，双方都找来亲戚，想要"大干一场"。听说消息的黎广森火速感到现场，与村干部一起对两户人家进行耐心劝解，苦口婆心地向他们宣传法律知识，就这样，一场即将爆发的村民械斗得到了制止。当黎广森饿着肚子回到家时，已是晚上11点多了。

黎广森的妻子方健妮已经记不清楚，有多少次丈夫在家中吃饭时接到镇里有突发事件的通知，立刻放下饭碗，直奔现场排险。方健妮也不忍心去数，丈夫有多少次下乡或单位工作回来时，手按腹部，脸色蜡黄，步履蹒跚。每次劝他到医院检查，黎广森总说是胃痛的老毛病，吃些止痛药，就有投身到工作中。

可以找到好工作，但黎广森却依然坚持做武装工作，工作中，他时刻把别人的冷暖记在心上，面临危急情况，他也总是率先做典范。黎广森这种无私奉献的精神值得每个人学习。

柑子村是坭陂镇人口最多、工作难度最大、经济尤为贫困的一个村，全村共有近1000户、4700多人。自1997年开始，黎广森就在这个村负责挂点扶贫。当时，全村的人均年收入仅有2000多元，村里的道路到处都坑坑洼洼，群众出入很不方便；村里的小学校只有几栋陈旧破损的教室，校舍严重不足，几个年级的学生常常都是挤到一间房子里上课；就连村委会也没有一栋像样的房子。

一开始，为了能够尽快了解并掌握村里的真实情况，从而找到帮助群众致富的具体办法，黎广森走东家、串西家，征求群众们的意见，听取村干部的建议，做了许多深入细致的调查研究工作。在调查过程中，有些干部和群众都劝黎广森说："柑子村的问题太多，事情很难办，就凭你一个小小的部长，啥也解决不了，你就别费这个心了。"每当听到这些话，黎广森总是真诚地对大家说："我虽然是个小萝卜头干部，但也是人民的公仆。当公仆就要为老百姓办实事，就要为群众排忧解难。"

黎广森是这么说的，也是这么做的。在一次工作队成员和村干部会上，黎广森代表工作队郑重做出了"三个必须"的承诺：必须全心全意为群众做好事，必须认真负责为群众办实事，必须想方设法为群众解难事。会后，他还让人将"三个必须"的承诺贴在了村委会的会议室里，一方面是为了与大家共勉，另一方面则是为了接受群众的监督。在挂点扶贫期间，黎广森为了兑现"三个必须"的承诺，付出了大量的汗水和心血，为柑子村的群众做了不少实事、好事。

柑子村的村民曾云娣，家庭条件非常贫苦，女儿、儿子也都是聋哑人。黎广森听说这一情况后，就与村支书一起看望慰问他们，并从自己微薄的收入中拿出了 200 元支持曾云娣。此后，他又组织发动全体干部和一些生活比较富裕的群众共同捐款，帮助曾云娣改善生活条件。

柑子村村民肖运添身患重病，家中还有两个孩子读高中，生活特别困难。黎广森便拿出自己的钱，为肖运添交医疗保险，为其孩子买学习用品，每逢过节，也经常会带上大米、花生油等物品登门慰问。

为了扩建柑子村小学，黎广森多次找到村子里惟一一个在外经商的王春晖做思想工作。王春晖每次回到家乡，黎广森都会登门造访。终于，在他的感召之下，王春晖为柑子村小学捐款30万元。不久之后，柑子村小学就建造了一栋崭新的教学楼。

2001年，为响应上级的复垦号召，黎广森与村干部群众一同努力，最终将100多亩河滩地改造成良田。为改造村里的道路，他又和村干部积极争取上级的支援，想方设法筹集到了100多万元的资金，将道路全部铺上了水泥。此外，黎广森也多方筹措资金，帮助村委会建起了一座有三层楼房的村址。在抓计划生育、治安调解和县道改造工程的拆迁工作等方面，他总是尽心尽力，从不懈怠。几年来，在黎广森的带领下，原本贫困落后的柑子村渐渐变了样，尤其是群众的生活水平有了明显的提高，人均年收入由1997年的2000多元上升到了3650元。由于许多工作都得到了很好的落实，柑子村多次受到了上级领导的肯定和表扬。

为了改变村子破烂不堪的面貌，黎广森付出了许多。一直以来，他都为群众做好事、做实事，最终取得了良好的效果。这一切，也都与他的付出成正比。

黎广森常说："我的命是从战场上捡回来的，比起那些牺牲了的战友，我已经很幸运了，应该要知足。"邓威是坭陂镇原副镇长，曾与黎广森共事三年，他评价黎广森说："他不仅是一个肯助人、肯负责、肯吃亏的'三肯干部'，而且还是一个从不赌博、不喝酒、不赶时髦的'三不干部'。"了解他的干部群众也都称赞他一身正气，一尘不染。

一直以来，黎广森都与父母、妻儿住在上世纪七十年代初建造的土坯房里，家里也没有一件像样的家具。在他有生之年，只用过三件值钱的东西：一件是上世纪九十年代初买的一台 17 寸的"熊猫"牌黑白电视机；一件是早些年他花 1000 多元钱买来的一部二手"嘉陵 70C"型摩托车；还有一件是他用了多年的"诺基亚 5110"型"砖式"手机。此外，黎广森十分俭朴廉洁，最好的衣服就是专武干部制服。

妻子下岗后，一家老小就全靠黎广森每月 1000 多元的工资来维持生计。为了治病，他债台高筑。虽然长期患病，生活贫苦，但他却从不向上级提任何个人要求，从不占公家一分钱的便宜，从不接受他人的馈赠，也从来都没有动用公款为自己私人请客，更没有因不廉洁被人告过状。

作为镇党党委员、武装部长，每逢征兵时，就可以大笔大笔地捞钱，而黎广森却从未钻过这个空子。对于他来说，这个时候正是责任大、压力大、个人经济开支大的时候。平时，黎广森的每月的电话费只有二、三十元，但在征兵期间，他每月的电话费却总是高达二、三百元。这些多开支的电话费，虽然许多都是为了工作，但他却都会拿自己的工资来垫，从没有找公家报销。

有一些适龄青年如愿以偿地参军后，很多青年的父母为了感谢黎广森，常常都会悄悄给他送钱、送物，但黎广森总会一一拒绝。黎广森常挂在嘴边的一句话是："只要合乎原则的事，我一定会办，但不该拿的钱财我绝对不要！"

有一年，柑子村干部曾新泉的一个亲戚经体检政审合格后，圆了当兵梦，他想请黎广森到家中吃顿饭，以表谢意，却被黎广森婉言谢绝。于是，他就又拎了两只自家养的鸡去了黎广森家里，不料，黎广森还是坚持不要，硬是让他把两只鸡又拎了回去。

黎广森也经常告诫妻子：不要过问、干涉自己的工作，不要随便接受他人的馈赠，更不要和别人比这比那。一次，有人对他的妻子说："你家黎部长真傻，人家送钱送物都不要，难怪你家连件像样的东西都没有。"妻子将这话讲给黎广森听，黎广森只是笑了笑，说道："傻有傻好，老老实实做事，清清白白做人，虽然穷一点，但日子过得实在。"

生活清贫，却无怨无悔，从不接受别人的馈赠，这就是黎广森。他的这种行为，体现的正是一种淡泊从容的品质。

征兵工作是基层武装部的年度一重要工作。对此，黎广森更是丝毫不敢懈怠，他常说："基层武装部是为部队选送优质兵员的第一道关口，兵员质量直接影响到部队战斗力的生成。身为第一把关者一定要不徇私情，否则就是祸国殃民。"十几年来，黎广森亲手向部队输送新兵 362 名，从初审、初检到定兵、送兵，他始终都坚持原则，严格把关，确保将最优秀的青年送入部队，从未出现过一起责任退兵事故。

2004 年 11 月，兴宁市实行乡镇撤并，黎广森因年龄和身体原因，被免去了镇党委委员和武装部长的职务。当时，一年一度的征兵工作即将展开，可新任命的武装部长却没有及时到任。近些年，征兵工作越来越难，已是众所周知的事情，身为基层武装部长的黎广森更加清楚。是把难题留给别人，还是主动担当重任，站好最后一班岗？黎广森毫不犹豫地选择了后者。在镇干部会上，黎广森立下了军令状："我虽然已经退下来了，但我一定会继续负责搞好今年的征兵工作，坚决完成任务，站好最后一班岗。"此时的黎广森已被病痛折磨得瘦骨嶙峋，身体极度虚弱。但为了更好地完成上级分配的兵检任务，他依然强忍着锥心般的疼痛，白天走村串户，晚上守在电话机旁，不厌其烦地向各村定任务、教方法、提要求，耐心动员适龄青年应征报名，同时也会用真情感化适龄青年的父母，打消他们送子参军的种种顾虑。连续十多天，他都工作到深夜，几次累倒在了办公桌旁。

一天晚上10点钟，有位民兵营长打来电话，说是该村一名青年体检政审都合格，但父母却突然改变主意，不愿让儿子去当兵。黎广森听说这一情况后，立刻叫来了武装部副部长王伟操，让其用摩托车把他送到了十几公里之外的应征青年家中做工作。途中，由于肝部疼痛难忍，黎广森先后几次下车休息。王伟操见他一直用手使劲按着腹部，嘴唇上咬出了颗颗牙印，人变得特别消瘦，脸色也越来越难看，很不忍心再让他这样劳累下去，于是催促他到医院检查身体，抓紧时间治疗。而黎广森却以为自己得的是胃病，就没放在心上，总是满不在乎地说："我这是老毛病了，不要紧的。现在正是征兵工作的关键时刻，我不能走开，等征兵结束后再到医院去也不迟。"就这样，两人继续前行，等赶到青年家中，已是深夜12点多。经过两个多小时反复做工作，青年的父母终于答应让儿子参军入伍。

征兵工作即将结束时，黎广森拖着虚弱、疲惫的身体赶到了兴宁市人武部参加座谈会。在介绍情况时，他感到浑身乏力，肝部剧痛无比，豆大的汗珠直往下淌。尽管如此，他依然坚持下来，将每个征集兵员的情况作了详细的介绍。等介绍完情况后，他一下子晕倒在地，被大家抬进了医院。

躺在病床上的黎广森，心里始终还记挂着征兵工作，而此时，他已被化验出患的是肝癌晚期。兴宁市人武部和坭陂镇的领导去看望他的时候，他愧疚地说："我这个身体太不争气了，征兵还没有结束，就先倒下了，还让你们耽搁工作来看我，真是不好意思！"当时，领导知道他患的是肝癌，而且到了晚期，便问他有没有什么要求，他却回答说："什么要求都没有。"在领导的反复催问下，他说的却是工作："刚合并过来的坭陂镇，征兵工作难度很大，今年任务虽然完成了，但工作比较被动，明年要重点做好那边的工作。"

2005 年 1 月，镇领导经开会研究，决定要给黎广森 2 万元钱，让他到广州复查治病。临走前，黎广森对妻子说："这 2 万元钱是镇领导给我治病用的，不能乱花，到广州其他的开销要用自己的钱。"妻子就按照他所说的，又找亲戚、朋友凑了 5000 元钱。

在广州复查治病期间，黎广森让妻子每天都记账，除了看病治疗使用公费外，其他吃住行等花费一律记在自己的账上。经过专家复查诊断，他再次被确诊为肝癌晚期，而且无法治愈。当他知道自己的真实病情后，就主动放弃了治疗，返回家中调养。

在广州，镇里给的 2 万元钱，黎广森只用了 1 万元。回来后，他认为，镇里在财政极其紧张的情况下，还拿出这么多钱给他看病，心里很是过意不去，就执意要将剩下的 1 万元钱还给镇里。得知情况后，镇领导考虑到黎广森身患绝症，而且为了治病，欠下了很多债，就表示这笔钱不用还了，却还是被黎广森婉言谢绝。临近过年，当人们都在忙着购置年货、准备过年时，在妻子的扶持下，黎广森专程赶到镇里的财务室，把剩下的 1 万元钱交还给财务人员，当时，在场的都露出了惊异的表情。而黎广森却笑着说："咱是党员干部，拿国家工资，哪还能让政府额外负担自己的药费？"当镇领导听说黎广森来还钱，就马上赶到财务室，一再向他说明这笔钱是组织上补助给他治病用的，不用偿还。但黎广森却不听，还固执地说："我的时间不多了，工作也干不了了，不能再给组织添麻烦，这些钱先还上，看病花掉的钱，我们也会想办法争取早点还。"

黎广森的妻子已下岗 8 年，他们还有一个 9 岁的儿子。在这样困苦的条件下，黎广森在弥留之际，依然断断续续地嘱咐妻子说："如果我走了，你千万不要去找领导的麻烦，不要向镇里提任何要求……一定要好好抚养我们的孩子，把他培育成才，让他长大后做一个对党、对国家有用的人，多为老百姓做好事，多为社会作贡献……"

患了重病，却依然想着工作，不愿给组织添麻烦，这样的举动也只有像黎广森这样有着崇高品质的人才能做得到。

5. 复退军人的好榜样梁远献

梁远献是一名出色的军人，1985年3月时，他参加了保卫祖国南疆的战斗。在战场上，他和一批战友们不畏死亡，用坚强的意志守着自己的阵地，为国家立下了汗马功劳。后来，在一场反攻战时，梁远献又第一个踊跃冲出战壕，领着同志们冲锋，战后还荣获了二等功。

一年半之后，梁远献脱下了军装，成了一名退役军人。退役后的他，戴着一枚金灿灿的二等军功章回到了家乡，来到了山东省菏泽市毛纺厂做了一名普通工人。其实在他的安置问题上，组织上特地征求过他的意见，他没有向组织提出任何要求，只是说："当兵的人最常说的一句话就是'革命战士一块砖，哪里需要哪里搬'。现在虽然我已经退役了，但我还是要做一个时刻听党指挥的兵，组织叫我干啥就干啥！"

刚进入厂里，领导就交了他一个不小的任务，让他和另外12名战友将办公楼前的大水坑垫起来，用来修建一个花园。二话没说，梁远献就和战友们一起干了起来，表现丝毫不比在部队里的时候差。结果，原定于15天的工作量，他们只用了7天的时间就攻了下来，厂里的领导对他们很是满意。工友们也向他们竖起了大拇指："当过兵的人就是不一样！"听到这样的夸赞，梁远献更有信心，也暗暗对自己说要加倍珍惜退伍军人这个称号。

成为一名工人后，梁远献的战场从"前线"搬到了一个"5000平方米的染整车间"。不论春夏秋冬，每天早上7点半他都会准时来到这里，戴上口罩和草帽，钻进去清理毛渣子。在整个毛纺厂中，这是最脏最累的活儿。尤其是在夏天的时候，里面温度很高，进去不一会儿便是满身的汗，而冬天时仓内外的温差又很大。不过，繁重的工作没有使梁远献止步不前，相反他干得十分认真卖力。曾经有人问过他："从原来的二等功到现在的清洁工，你心里会不会不平衡？"他轻松地说道："其实干什么都一样，组织怎么安排就怎么干。"一句简单朴实的话，就折射出了梁远献高尚的品格。

梁远献的工作单位离家有些远，每天都骑着一辆破旧的自行车来回骑50多公里路，妻子心疼他，他却总是说："军人出身，特别能吃苦。这点事算不了什么。"

在染色工序当了几个月的学徒后，梁远献由于表现出色被提拔成为车间保全班班长，主要负责机器的保养和维修工作。除他之外，车间里还有十几个维修师傅，他们个个身怀绝技。刚刚当上班长没多久，车间里的一台烘干机就出了问题，这是保全班师傅们最头疼的一件事情。因为全车间只有一台烘干机，只要它一"罢工"，所有的工序就都没法进行了。每次出故障后，维修师傅不等烘干机的温度完全降下来，就得钻进去抢修。这一次，梁远献二话没说，拎起一桶水浇在了自己身上，然后就钻了进去。冒着高温在里面修了一个多小时，终于将烘干机修好了，他自己却早已浑身汗水，胳膊被烫得又红又肿，钻心地疼，手上更是早已不成样子。从此以后，修烘干机的事好像就成了梁远献的"专利"，每次出问题他必然抢在第一个钻进去修。

在厂里工作的期间，梁远献当过最大的官就是工段长，可即使是这么小的一个领导，他也是三上三下。梁远献一共有过三次当工段长的经历，前两次都是代理性质的，只要原来的工段长回来了，或是厂里面有了合适的人选，他就会立即回到原来的职位。不过，对于这一切梁远献从来没有抱怨过。第三次当上工段长是在 1992 年，那一年是竞争上岗的。可是只在这个岗位上做了两年多，他就主动将其让给了一名大学生工友，自己则干起了设备检查员，工资也少了很多。别人都很不理解他的行为，他却有自己的理由，原来随着科技水平的提高，厂里也购置了许多先进的设备，但梁远献只有初中学历，他觉得自己有些力不从心，应该让更有水平、更有文化的年轻人挑大梁。

2001 年，他又出人意料地主动要求去当一名清洁工，很多人都说他傻，但他却坦然地说道："啥活都得有人干，啥活儿都得干好。"十几年来，梁远献几乎将整个车间里的岗位都做了个遍，可是官却越来越小，但他从来没有感到不平衡过。到底是什么在支撑着他呢？也许朴实的梁远献说不上是什么，但大家都能够看的出来：是一种强烈的归属感，是一份责任和压力。这些，让使梁远献的内心充满了平静、满足和喜悦。

无论在哪个岗位上他都兢兢业业、任劳任怨，把自己当作普通一兵，干一行、爱一行，总是在工作最需要的时候，挺身而出，接过担子。他曾先后 10 多次荣获"先进工作者"称号，还带出了多个优秀工段和班组。在他的心目中，国家得益永远高于个人得失。

梁远献的故事，让我们看到了一个优秀的军人，更看到了他勇于牺牲、甘于奉献的本色，正应了人们的那句话："当过兵的人就是不一样。"

梁远献虽然为国家做出过贡献，但他却从来没有向组织伸过手，更不会提任何特殊要求，即使家里的生活十分艰苦。以一颗火热的心，为别人送去关怀，给社会带来温暖，诠释着一个军人应有的本色。

"战场上我敢勇往直前，致富路上也不会落后别人。"

成为工人后，梁远献过了几年平凡但幸福的生活，直到1999年，平静的生活被打乱了。但是，梁远献没有被突如其来的困难打倒，相反，他更加有信心，更加有斗志，更加相信自己可以干出一番事业。事实证明，他是对的。那一年国有企业进行改革，导致梁远献所在的毛纺厂也受到较为严重的影响，大批产品销不出去，效益直线下滑。厂子效益不好，受苦当然是厂里的工人们，梁远献的工资只有200多块钱，用这些钱来养活一家人，实在是难以想象。有时候，工人还没有活干，只好回家等着。再加上他的父亲和岳父、岳母在那一年相继去世，对他们一家人来说更是打击，医药费也花了不少。

家里的三间瓦房已经很破旧了，每到下雨天，"外面下大雨，屋里下小雨"。屋里也没有像样的家具和和家用电器，一台17寸的黑白电视机，还是花50块钱从旧货市场上买来的。此外，从前线回来后，梁远献的听力一直都不太好，几年之后他的右耳长出了一个胆脂瘤，医生一再劝他赶快做手术。可是，做手术会花费一大笔钱，还耽误自己的工作，因此梁远献一拖再拖。

梁远献没有去请政府帮自己解决问题，而是勇敢地迎接了眼前的挑战。为了多挣一些钱养家，梁远献跑到了河南濮阳建筑工地找了一份小工，工作是推砖卸沙的力气活，当别人休息的时候，梁远献也从不停下来，常常累得浑身上下没有一点力气。盛夏的中午，骄阳似火，坐着不动就不停地出汗，何况还要时刻不停地干活。当和他一起打工的人都知道过去他为国家上过前线时，都对他感到十分佩服，也有人对他说："你真是个老实人，只要你把军功章往领导面前一放，肯定过得比现在舒服呀！"他却说："要是被眼前的困难吓倒，我这兵就算白当了！"他的妻子秋菊除了在家里种地、照顾一家老小外，还总是走街串巷捡破烂、收酒瓶。总之，两口子为了养家受尽了苦头。

后来，梁远献的一位老战友知道这些情况后，便对他说："想当年你为国家出生入死，立下过那么多功劳，现在你不如去找找政府，让他们给你安排一份工作。"可梁远献却说："当时退伍的时候，组织上已经给我安排了效益最好的单位，现在有一点困难就去给他们添麻烦，这不是我的处事原则。再说，过去我能够在战场上勇往直前，现在在致富的道路上我也不能落后，总有一天会好的。"就连妻子也忍不住劝他找找门路，可是他却总是反过来劝妻子要多为国家想一想，不能只顾自己的小家。

那段时间里，梁远献经常在休班间隙到处去搜集一些致富信息，经过一番思索和比较后，他发现市场上对草绳、草苫的需求量大，而他所在的村里有很多稻草没有用武之地。聪明的他觉得，这是一条投入少、制作简单、销路广的致富道路。于是，他便带着全家人搞起了草编加工，堆到一米多高的一盘粗草绳，只卖7元钱，除去成本外每天能赚个四五块钱。虽然不多，却能缓解家里的经济情况。

2001年冬天，此时的梁远献已经有了一定的资金，他决定进行多种庭院经营。说干就干，他首先在自家门前搭建起了10几间兔舍，购买了一批獭兔。然后又买来许多养殖书籍，严格按照上面的方法科学养殖，所以他家的獭兔生长快，个大体壮，皮毛发亮，很受采购商的欢迎。仅一年下来，他便有了3000多块钱的纯收入。

后来，他又从报刊上了解到生猪市场行情比较好，又筹集了一部分资金，在自家院子里建个小型养猪场，引进了15头瘦肉率高、生长速度快、市场行情看好的优良猪种。其实早在当兵的时候，梁远献就是队里的养猪高手，他喂养的猪一个个都是膘肥体壮的，团里还特别在他所在的连队召开会议，将他的饲养法进行推广。以前有过成功的经验，梁远献决定再次发挥自己的特长。为了保证猪的健康生长，他在科学喂养方面下足了功夫，不仅参考各种养殖书籍和别人的经验，自己也经常创新出一些很好的方法，如他将一天三次喂养改成了一天四次，不仅大大降低了饲养成本，同时缩短了生猪的出栏时间。那一年，养猪又为他带去了4000多元的收入。日子慢慢好起来了，梁远献新盖了房子，添置了许多家具，成了村里人羡慕的对象。说起以后的生活，梁远献一脸的兴奋，他对未来充满了憧憬，说道："现在厂里的效益越来越好了，家里喂的猪也个个活蹦乱跳，俺家的日子肯定会一天比一天好！"

虽然，梁远献的军旅生涯是短暂的，但他却将军营的好习惯好传统永久地保留了下来，并以自己的实际行动做出了最好的诠释。虽然脱下了军装，但他身上仍然保持着牺牲、奉献的军人本色！他用自己的行动，书写了新时期优秀退伍军人的感人篇章。

"先国家、企业之忧而忧，后国家、企业之乐而乐"，这就是军人梁远献的苦乐观。他经历了人间的风风雨雨，有过辉煌也有过失意，尽管当年的立功喜报已经发黄，但他身上的军人作风依然清晰地存在。他始终用实实在在的行动，诠释着军人永远不变的本色。

在退伍的军人当中，梁远献的威信很高，因此大家有了什么事情，都喜欢去听听他的建议。

2004年6月的一天，梁远献的战友赵金岭拿着一封信找到了他，信里的内容是邀请退伍军人到某个地方集合，找政府反映一些情况。赵金岭平时特别信任梁远献，就问他："二哥，你看咋办？"从不将个人利益放在第一位的梁远献果断地说道："咱不掺和这个，你要是真有困难就找我。"梁远献清楚，赵金岭的家里实在是太困难了：他本身有残疾需要治疗，不幸又患上了脑瘤，动手术花掉了两万多块钱。虽然组织上帮他解决了一部分，战友们也不时地资助他，但还远远不能解决实质问题，家里已经负债累累了。再加上他的在的工厂效益不好，妻子体弱，孩子尚小，父母已经年近七旬，这些担子一直都压在他的心头。

好不容易说服了赵金岭，他又马不停蹄地找到其他战友，和他们一起回忆个人成长经历，重温部队的培养教育，还将政府的困难一一向他们摆明，最后鼓励大家拿出当年在战场上的拼劲来进行二次创业。最终，这些人的"心头疙瘩"终于也解开了。当然，梁远献并没有忘记赵金岭的困难。他想，赵金岭既是一位下岗工人，又是一名残疾军人，工商、税务有免税优惠政策，可以办一个流动售货亭。他跟战友们讲了自己的想法，并发动大家都为赵金岭捐款，很快赵金岭的售货亭便开张了。这不仅让他全家人的生活有了保障，更点燃了他生活下去的勇气。

此后，梁远献的心里又多装了一件事：如何才能让退伍军人成为社会的财富，而不是包袱呢？他认为，应该让退伍军人多了解一些致富的信息，通过自己的双手重造天地。此后，他只要了解到一些致富的信息，就会马上反馈给自己的退伍战友们，很多战友就是通过他成为当地的富裕户的。

当然，还有一部分老战友想不通，他们认为自己曾经为国家出生入死，现在不应该受"这样的待遇"，甚至还会串联上访，要求上级解决问题。每当这个时候，梁远献都会站出来做大家的思想工作："当年退伍的时候，党和政府已经很照顾我们了，不仅为我们办理'农转非'，还安排到效益好的工厂上班。比起那些在战场上牺牲的兄弟们，我们不是好很多了吗？生活上要与不如咱的比，工作上要与比咱干得好的比，再说国家也有很多难处，我们也应该体谅一下。"一番对比下来，战友们往往被说得心服口服。

梁远献的一言一行，深深地感动了一批复退军人，刘德平就是其中一位。刘德平是梁远献的一位工友兼战友，十几年前他患了急性肝炎，为治病他几乎花光了所有的积蓄，家里的生活每况愈下。此外，刘德平对自己的工作岗位也不够满意，曾经多次要求政府重新安排，并认为这是理所当然的。可是，当他得知梁远献的情况后，感到十分惭愧，收回了要求变换工作岗位的申请，还写了一封保证书，表示以后一定服从上级的安排。保证书中有这样一句话："从梁远献身上，我找到了自己的不足。"

后来，梁远献帮他寻找就业门路，当他得知当地被单、床单加工市场销路较好时，就帮李德生建立起了服装加工点。刘德平每天4点多起床到市里拉货，下午再送货过去，妻子加工，他帮忙叠放，从早到晚忙个不停，但忙得不亦乐乎，虽然钱挣的不算多，可是日子过得十分踏实。

另一位战友杨玉献也是在梁远献的帮助下慢慢地走上致富路的。当时他退伍后七年内都没有找到工作，主要依靠家里的资助来维持生活，心中很是苦恼。梁远献了解这种情况后，就鼓励他去养兔，还为他买了许多养殖方面的书籍，使得杨玉献当年就搞养兔赚了2000多元钱。后来，在梁远献的鼓励下，杨玉献又在电焊维修方面大展身手，很快他便从贫困户变成了富裕户。

总之，梁远献曾经帮助过的人有很多。很多人都问梁远献：你自己的日子过得那么艰苦，为什么还总是乐此不疲地去帮助其他人呢？他这样回答："共产党员和革命军人是种子，到了哪里都要生根发芽。我要让群众从我身上看到实实在在的先进性。"

梁远献的故事值得每一个人深思，如果大家都像他一样努力向前看，自强自立，和衷共济，生活就会有新的希望。如果整日无所事事，甚至只知怨天尤人，不仅于事无补，还会成为社会的包袱。

梁远献曾经说过："有句话说'大河里有水，小河里满；大河里没水，小河里干'，一个家庭有一个家庭的困难，一个国家也有一个国家的难处。我的想法是，对家庭，'家和万事兴'，对国家是'国泰才能民安'。作为一个共产党员、退伍军人，在国家困难的时候、企业困难的时候，更应该立足本职工作，通过自己的努力走出困境。这样国家发展了，企业兴旺了，我们生活也就有保证了。"

村里人提起梁远献，赞不绝口的话三天三夜都说不完，最典型的一件事情就是他照顾了一位毫无血缘关系的老人长达十几年。

梁远献的邻居候氏自从老伴去世后，无儿无女的她一个人艰难度日，梁远献觉得老人家实在可怜，便和妻子商量将她接到自己的家里照顾，他还对老人说："您别嫌我穷，有我吃的，就有您老吃的！"家里本来就不宽裕，又多了一位老人，日子过得更是艰难。为了能让老人过得安稳舒服，梁远献和妻子还"约法三章"：不管家里遇到什么困难，都不能当着老人的面唠叨；不管夫妻间闹了什么不愉快，也不能当着老人的面吵架。老人在梁远献家里被照顾地无微不至，十分舒心，虽然家庭条件并不好，但每次从城里回来，梁远献都会带上一些蛋糕、奶粉什么的，一做就坚持了十几年。她总是逢人便说："远献待我比亲儿子待我都好。媳妇也孝顺，天天给我梳头，吃饭时把碗端到我手里。"在梁远献的精心照顾下，已经90多岁的老人身子骨依然特别硬朗。

梁远献成了村里孝顺老人的典范，老人们教育自己的孩子，都会拿他的事情做比较："你看看人家梁远献，无亲无故的老人都那么亲，你怎么就不学学呢？"

有一次，村里人组织大家集资修路，由于知道梁远献家里比较困难，就没有通知他。可是他知道这件事以后，主动拿出了500块钱，成为全村出钱最多的一个人。总之，梁远献是个出了名的热心肠，给老人们打水、扛柴，协助民警抓捕罪犯，调解邻里的纠纷，他走到哪里，就会像蜡烛一样燃烧着自己，照亮着别人。还有一次，他的一位工友李玲烫伤了脚，而李玲的丈夫又偏偏在部队服役，8个月大的孩子无人照料。李玲急得直掉眼泪，梁远献得知后，就和车间的同事们组成互助组，轮流到李玲家照顾，直到她痊愈为止。

其实，梁远献为国为党着想的事情，政府是知情的。为了让他的生活好起来，菏泽市传染病医院的领导为他送去了一辆电动自行车，从此梁远献结束了骑自行车上班的历史。后来，吕陵镇党委又送来了25英寸的大彩电，家里人终于可以看到带色彩的电视节目了。

很多认识老梁的人都称他"二哥"，这个称呼里融合了很多感情，有尊敬，有亲昵，更有一种朴实的依赖。工友陈中涛就曾经这样评价他：二哥就是这么个人，哪怕口袋里只有一个，只要别人需要，他就敢全掏出来。见到老梁，工友们就觉得温暖。

"有过当兵的历史，就没有克服不了的困难。"这是梁远献经常挂在嘴边的一句话。军装是脱了，脱不掉的是军人的本色。军队大熔炉的陶冶，战火硝烟的洗礼，把橄榄绿熔铸到了他的生命中。

6. "神六"骄子聂海胜

聂海胜，男，1964年出生，湖北枣阳人，1983年6月入伍，如今是一位中国人民解放军航天员大队一级航天员，正师职，大校军衔。他是我国首批航天员，更是我国"神舟六号"航天员。然而，这样一个人却来自一个贫苦的农村，而且，家庭境况更是苦不堪言。

儿时窘困的生活常常让聂海胜的父母为了区区几元钱的学费而犯愁，只好东挪西借……

1964年，聂海胜出生，他的家坐落在湖北枣阳杨垱镇一个小村庄。这是一个穷得出名的村庄。而在这样一个穷出名的村庄里，聂海胜家境贫困也是出了名的。就像杨镇村委主任聂金九所说的："全镇数我们村最穷，全村当年就数海胜家最穷。"

然而，虽然出生于穷村镇，出生于穷村镇中最穷的村子，出生于这个最穷的村子里面的最贫穷的家庭。但是，这并没有影响到聂海胜积极进取的心和对上学的渴求。

虽然说，聂海胜的家庭极其贫苦，但是，他的母亲却并没有因此而放弃让他上学的想法。所以，很多时候，母亲都会为了让他上学而到处求借于人，有的时候，仅区区几块钱，母亲也不得不费尽心思。母亲是一个农村妇女，没有什么收入，而父亲走得早，家里也还有八个姊妹，聂海胜的家境的确恼人。然而，即使是这样的生活，聂海胜也没有放弃过，为了上学，聂海胜愿意在大雪天里远途求学，就像他的同学所说的那样："大雪天，6岁的娃打赤脚走二里地上学。"为了上学，聂海胜在万不得已的时候，甚至会给老师上交一笔特别的学费——一只兔子或是一条鱼。

然而，即使是这样的生活，聂海胜的家庭很多时候也还是难以将其维持下去，比如说在上初二时候，他就险些辍学回家。上初中的时候，聂海胜每天提着油灯到学校上晚自习，去得最早，回家的最晚，非常努力地学习，即使是周末也很少出去玩。可是有一天，他却说不想上学了，母亲一气之下拿着棍子将他赶到了学校。其实，并不是因为聂海胜不愿意上学，而是其害怕自己考上了高中而母亲没有钱供给时候伤心、难过。后来，母亲得知后，一把将他揽在怀中："娃儿呀，只要你喜欢上学，妈再穷也要让你上学。"

就这样，聂海胜在家人和自己的努力下，艰苦地实现着自己的求学梦。

虽然说聂海胜的家庭非常窘困，但是他却如那句话"穷人的孩子有志气"一样争气，在极其艰难的条件下，也把学习搞得可圈可点。

别人都有学习资料，但是聂海胜没钱购买，可是别人或许不记得书本上的内容，但是聂海胜却清清楚楚地记得它们的具体位置；别人可能对物理非常头疼，但是聂海胜却通常代老师给大家讲习题；别人可能非常苦恼于背诵课文，但是，聂海胜却可以张口就背出许多篇章，而且一字不落；别人可能对数学懊恼不已，但是，聂海胜却经常考得 *100* 分。

即使是这样的条件，聂海胜也将学习搞得非常好，于是，他非常顺利得上完了小学、初中。初中毕业的时候，聂海胜以极其优异的成绩考上了县重点高中，而当时整个杨垱镇只有两个学生考上，而且普通初中考上的只有他一个。

考上高中，考上了重点高中，聂海胜的家庭却无力为其支付上学的费用。好在这个县中学非常人性化，在了解到他的家庭情况后，为他补助了一些救济金。

就这样，聂海胜的学习生活勉强维持了下去。为了省钱上学，每天，聂海胜都将生活安排得非常有"计划"性，比如他和另外一个同学为省钱，只买半斤豆瓣酱就是一个星期的菜了……

然而，就是这样，他的学费也无法攒够，于是，聂海胜每当放假，他都会出外打工、帮忙，比如说远赴十几里路，到堂兄弟家里帮着搬木材、装茶叶额，还跟着下地干农活。这样一个假期下来，聂海胜通常都会挣到十几块钱；除了假期外出打工外，聂海胜还会在每次周末的时候到校外打零工，比如说他修过公路，扛过木材。

人穷志不穷，聂海胜靠着自己的努力一点点将自己上学的学费都交上。

贫困不是关键，关键是看你是否有克服问题的信心；贫穷不是道理，只要你肯认真努力，就会有奇迹，聂海胜在连区区几块钱的学费都交不起的情况下竟然可以以自己的努力将课本内容记忆得清清楚楚，聂海胜在家庭无力支出学费的情况下愣是靠着自己的双手挣得高中学费。他，是每个人的榜样。

聂海胜是一个非同寻常的人，在没有什么支柱的情况下一路从小学、中学走到重点高中，而后来在他自己高考分数极高的情况下，他竟然选择了当"军人"。

高中毕业的时候，聂海胜遇到了"招飞"。全校有几百个人，但是，聂海胜却以自己的实力征服高高在上的审核标准。全校有7个名额，而他就是其中一个。

然而，面对此，聂海胜却只说自己很幸运。因为，他说自己曾在小时候放牛的时候做过一个自己长出翅膀然后飞上蓝天的美梦……所以，聂海胜毫无疑问地填报了这样的志愿。

由于聂海胜学习成绩的优秀，而且其在各方面的素质也都还错。于是，他顺利地被录取了。一天，聂海胜的家中来了一些人，说自己是县武装部搞政审调查的。聂海胜自己真得要去飞翔了……

在离开家的时候，聂海胜坚决不让母亲出门送自己，因为他知道"飞行"很可能难以回家了，而艰辛生活中的母亲一定无法忍受儿子的远离。对母亲来说，聂海胜是一种慰藉，更是一种支撑。

但是，选择了飞行，聂海胜无怨无悔。幸运与伤感相撞，聂海胜将母亲劝在家中，自己一个人走出家门。就这样，聂海胜背着一个仅用小书包就可装完的行李就上路了，百感交集，聂海胜坚毅地踏上航校的路程……

到了航校以后，聂海胜小时候的梦想触手可及，于是他更加努力地学习。所以，聂海胜还像小时候上学一样，非常快速地就掌握了有关飞行的知识。

终于，聂海胜可以接触到真正地飞行梦了，他无限深情地抚摸着飞机的操纵杆，就像抚摸、回味自己一个遥远、美妙而亲切的梦。

由于聂海胜成绩的突出，他成为同行中第一个放单飞的人，而且将飞行完成得非常出色。所以，教官让他当中给大家讲讲经验、教训的总结。这个时候，聂海胜只说了一句话："啥也不想，只管飞。"

这句出于他肺腑之言，是一种对自己的总结，也是一种对飞行的认识。现在看来，简单，但不无精辟。

航校的学习，简单但也需要不懈付出，严格但也充满趣味。聂海胜聪慧好学，为了自己的梦想，勇战困难；为了自己与飞行之间的难言默契，勇攀高峰。

经历磨练，不断成熟；不断成熟，做事可为，聂海胜在航校的时候经历了一系列地严酷学习和训练，他的梦想一步步地实现，不仅有飞行的梦，而且还上升到了为我国的航天事业奋斗终生的高度。

聂航胜从来都是一个优秀的飞行员，他时刻严格要求自己，时刻将自己当成一个真正的飞行员，所以，他一直都是在为飞行事业努力、贡献自己，甚至抱着一种不惜牺牲自己的信仰。

高中招飞，聂海胜从众多同学中胜出，被选中；而在学习高难度歼击的时候，许多人都因为难度太大而提前退伍，而聂海胜却坚持到了最后，而且轻松过关，这都源于其对飞行的热爱和坚持。

而在他们那批选拔出来的飞行学员中，聂海胜实现了第一个单飞，而且顺利完成。但是，当他单飞的第二天的时候，却遇到了危险。

1989 年 6 月 13 日，聂海胜进行改装后歼击机飞行，一切原本毫无异样，就如他第一次飞行一样。然而，当飞机飞行至高空，准备向 4000 多米飞去的时候，只听舱外一声爆响，"砰"，飞机的发动机停机了。

这个时候，飞机瞬间下坠，机舱内温度剧升……如果处理不慎很可能会出现危险。但是，聂海胜极高的心理素质使之冷静地排除故障，而且有序地向地面报告情况。然而，所有的办法都尝试过了，可飞机还在急速下降中。眼看就要出危险了，地面领导也指挥他进行跳伞，而聂海胜却没有这么做。因为，一架飞机造价甚高，他不能只考虑自己的安危啊！于是，聂海胜仍然进行努力，想办法将飞机开回来。就像他所说的那样："只要有一线希望就要把飞机开回来。"

聂海胜试着让飞机滑行，滑行，滑行……距离太远，没有成功，飞机在距离地面仅剩四五百米的时候由于急速下降所带来的超重而几乎无法动一动……最后，他万不得已，按下弹射开关。其实，这个时候，他已经出现了瞬间的黑视、昏死。

最后，聂海胜被弹射落于稻田里，而飞机摔落在了离他一百多米远的山沟里着火爆炸了。

后来，事故原因查明是因为发动机压缩器叶片本身出了机械故障，而聂海胜由于自己想尽一切办法极力挽救飞机和冷静果敢地处置险情的精神受到了党委三等功的表扬。的确该如此，飞机急速下坠会造成 18G 值的超重压（相当于 18 个成年人叠压在身上；当年选择航天员时候的合格标准为 12G 值。），而聂海胜却一直从 4000 多米高空坚持到离地面仅有四五百米的地方才选择弹射跳机。

而聂海胜在休息 27 天后，又返回蓝天，这不能不说是一种超能力。而这种能力来自聂海胜对蓝天的热爱，对飞机天生的亲切，对国家飞行事业的忠诚。

在聂海胜经历了严厉的飞行训练后，他迎来了我国首批航天员的招募。于是，他心中的梦又有所上升。

为了能够成为航天员，聂海胜坚持不懈地努力训练，不仅严格要求自己的实践能力，而且极其认真地对待自己的专业课程。除了这些，在周末回到家中以后，还让女儿给自己进行英语辅导。聂海胜认认真真地听女儿老师的指导、要求，背课文、做练习等不亦认真乎！

除了实践、理论方面的困难，聂海胜还遇到了另外的难题——聂海胜的妻子担心其安危问题，坚决反对他进行航天员选拔的事情。所谓，后方不安，前方就不能够很好的工作；而且一个成功的航天员背后必须要有一个绝对支持自己的妻子，所以，聂海胜想尽一切办法攻打妻子这座无坚不摧的堡垒。为此，他一手"磨"，有空没空就跟妻子谈论这个问题，瞅准时机就向妻子交流这个问题；一手"多干活"，多替妻子着想，无论什么活都争着干……聂海胜的妻子也不是不通情达理之人，慢慢地就被说动了。再说这也确实是聂海胜喜欢的事业，而且还是一项伟大而且高尚的事业。

学习、实践、家庭因素都攻破了，聂海胜的体重却成了最后一个大难题。虽然说聂海胜本身的素质非常不错，而且也并不臃肿、肥胖，但是从一个航天员标准来说，他的体重就是麻烦。

众所周知，减肥、减体重是一项非常困难的事情，而且还极容易反弹。而这对于航天员来说就更加困难了，因为他们还必须要保证自己饮食的营养和身体的健康。但是，聂海胜不怕，他坚韧、严格，每天坚持运动减重，而且在回到家中后，也坚持不懈，还请求妻子女儿好好地监督他。比如说每天吃过晚饭后，必须外出散步两个小时，不到两个小时坚决不能够回家；吃饭不能够是含高脂肪的，大多都吃一些豆制品等，最多也只是吃一点点牛肉。终于，在聂海胜严格、苛刻的自我要求下，他的体重最终过关而且一直保持着。

说起来容易，做起来难，诸如此类的事情，聂海胜还做过太多太多，最后，他攻克了所有的难题，完美地完成了基础理论、专业技术、环境模拟等八个大类几十个科目的训练，最终以优秀的成绩通过航天员专业技能的综合考核，于 1998 年 1 月顺利入选我国首批航天员。

聂海胜，从小做过飞天梦，所以，他一直认真实践着自己的飞天理想。或许正是这样的一种热爱精神，才使他顺利地完成各项来自军队和家庭的训练、考核，成为一名优秀的航天员。航天情深深似海，聂海胜不只是说说而已。

成为飞行员是一件非常难的事情，而成为航天员更是又难一筹，然而聂海胜不怕，而且他还不断挑战自己。因为作为一名航天员，必须要不断挑战自己的生理、心理承受能力，而且如果想要做得出色就必须要加班加点的"自找麻烦"。虽然说航校的学习，严格、有趣，但是他们经历过的考验却多如牛毛，而且每一项都令人望而生畏。

晕眩"电动椅"训练。由于飞船是旋转着飞速上天的，所以，航天员们必须克服高速旋转所带来的晕眩。为了帮助航天员战胜这种正常的生理晕眩反应，每个航天员都必须要经常上电动椅进行测试。电动椅训练是模拟这种空间环境的一种训练。航天员坐上电动椅以后，眼睛被蒙上，接着电动椅就开始高速旋转。这个时候的感受，是没有经历过的人所难以想象的，电动椅飞速旋转，每分钟转动 24 圈，即使是身体状态良好的飞行员在没有过训练之前也会在瞬间脸色大变，苍白、难忍，直冒虚汗……1 秒钟、5 秒钟、1 分钟、5

分钟……至少能够坚持5分钟才可以被算作一个合格的航天员。

想象一下，咱们在原地打转的时候，几圈会有晕眩的感受；眼睛被蒙上以后，几圈会产生晕眩感；眼睛被蒙上以后，什么样的速度旋转就会感到晕眩？晕眩以后又会有什么样的反应呢？

但是一个合格的航天员就必须不断训练自己的抗晕眩能力，而且还得经常练习。

"电动秋千"训练。电动秋千的威力丝毫不逊色于前一项。坐电动秋千的时候，人的血液会在身体中快速运动，瞬间被送到大脑，瞬间又被甩到脚跟，前后，左右，越摆越高……加速度摇荡，使人眼看就要被送到了15米高空，谁料又被猛得甩到最低谷……就如乘着一艘极小的船颠簸在巨风巨浪狂作的大海上，瞬间就可能使没有经历过的人喷出胃液。恶心、呕吐、翻江倒海……然而，不驯服这匹烈马就难以上天。

"低压舱"考验。由于高空空气稀薄，气压比机舱内要低得多，万一舱壁出现破口、裂缝就很可能要面对太空超大负压的考验了。所以，不能够克服缺氧巨压的状况就难以实现上天的梦想。为了克服这些，航天员们都必须要经历真空环境的考验，他们在低压舱中要承受由每秒15米的速度向海拔5000米的高峰攀登，但是不配备氧气罩……直到10000米才会被戴氧气面罩。胸闷、头痛、恶心、仿佛窒息，每经历一次低压舱训练就如同经历一次生死考验。

像这样的生理训练项目还有很多，残酷、难耐，但是聂海胜每每挑战自己的极限，而且加班加点超额练习，于是，经历过千万次的生死考验、极限挑战，聂海胜将每一项都练习得完美无缺，而且许多项目都能够超额完成任务。

想象一下，你在一个什么也没有的环境中，听不到任何声音，找不到任何的人，只有你，只有你，只有你，生活一段时间……你会有什么样的感受呢？寂寞难耐吧？是的，这对一个人心理上的考验是残忍的。然而，一个合格的航天员就必须要将自己训练成为一个如此失衡的环境中还必须要像在一个正常环境中一样。而且，他们还要在这种环境下进行高强度的工作。狭小的空间中，没有时间，没有昼夜，航天员们必须独自一个人高标准、严要求进行各种繁琐的工作，无人商量，无可交流，而假若谁无聊到只想睡去也是不可能的，因为只要你的工作一停下来，监控铃就会响起来了。身心俱疲、无处发泄、无从发泄。

很多时候，当我们感到没有食欲的时候，我们通常情况下都会选择自己好久没有吃过的东西，或者是比较罕见的东西，也或者是天生比较喜欢的东西，而通常情况下，我们也会产生难以满足的心理苦闷感。但是，航天员们却不能如此，他们必须要克服对食物的挑选性。因为航天员必须要保持体重，必须要保持健康……于是，他们的食物都是由航天员医生来决定的。诸如，钙含量多少、钙磷含量比例多大、维生素百分比多少等。即使哪些是谁从小就不喜爱的食物也必须做到"爱吃"，因为航天员营养师会在他们吃饭的时候进行监督，督促他们时时到位，即使他们回到家中，也会接受到营养师"骚扰"的来访或监督电话，如有不妥，立即会进行批评，甚至将其妻子批斗得无处藏身。于是，一个优秀的航天员就必须做到做什么就爱吃什么。

像这样的心理考验还不计其数，但是聂海胜都能够轻松应对，这不仅因为他从小艰苦环境的磨练，而且也源自于他的自觉和"自找苦吃"。所以，聂海胜才能够从航校成长为飞行员，又成长为航天员。

聂海胜，一个从艰苦环境中成长的人，自小就练就了一身好素质，不仅是生理方面的，心理方面也无懈可击。然而，这些艰苦生活环境磨练造就出的根本就是小儿科。所以，在航天员的训练中，聂海胜充分发扬这样的精神，磨练自己、自找苦吃、超标准要求自己，在通往航天的道路上一丝不苟地实践自我凤凰涅槃！

经历这些艰苦的训练以后，聂海胜迎来了神五登天。这是我国第一次尝试载人航天的飞行，聂海胜心中充满期待。为了能够实现登天，他努力了许多。

进入军队多年，聂海胜参加过多次飞行，表现非常优异。于是，在我国 2003 年时候进行第一次载人航天宇航员选拔的时候他也有幸入选。

当时我们国家还没有实现载人航天，所以，飞行员们都非常向往可以登上太空，聂海胜也是这样。但是，想要成为宇航员并非轻而易举的事情，而且还是我国的首次登天。选拔工作做得非常细致，一层层，严格、苛刻地选拔工作进行着，聂海胜努力着。

终于，聂海胜从 3000 多名航天员中，走出来，进入前 14 名，然后进行接下去的选拔……聂海胜有幸入选最后 3 人小组成员之一，可谓辛苦不负有心人。

终于，"神五"首飞的名单公布了，不是他。但是，他并没有放松，因为在他心中只要有一线希望就要争取。当有人问他当名单公布不是他的时候，他心中的想法的时候，他是这样说的："我在做好我自己的准备，因为"神五"毕竟还没有发射，没有发射之前什么事情都不好说，作为对这一项伟大的工程的负责，一种责任心，它需要我们做好准备。"

是的，不到最后一刻，登天的人员还不好说，所以，聂海胜仍然没有丝毫地放松，始终努力进取。

终于，神五首飞的名单确定了，但是仍然不是他，不过他也并没有失望，因为在他心中，他已经努力，而机会只给有准备的人。

在"神五"首飞航天员杨利伟登舱的时候，聂海胜与另外一位选手一起为其送行，这个时候，聂海胜虽然并没有入选，但是却发自内心地在为战友高兴，他们将杨利伟送到"神五"舱口，一直微笑着向他挥手。

进入首飞航天员梯队，但是却并没有成为我们国家首飞第一人，聂海胜没有遗憾，而且当杨利伟将手腕上的手表偷偷交给他的时候，他安慰、鼓励道："家里有我们，你放心吧。"是的，他们的战友情谊比个人利益深重得多，一起努力，一起拼搏，努力、拼搏过后是否成为这一次的飞天航天员早已并不那么重要了。

火箭升空后，聂海胜乘坐飞机返回北京，但是他心中却并没有失落，相反他仍然是替战友感到高兴："我替他感到高兴，他代表我们这个航天员队伍去执行了一项咱们国家的重大使命，所以想到这些东西，就没想那么多。"

"神五"首飞，聂海胜有幸入选，"3000"到"3"，聂海胜经历的痛苦无人可知；从"3"到"1"，不是"聂海胜"，但是聂海胜也没有觉得遗憾，因为他没有时间遗憾，他还要投入到未来的伟大工作中呢。

5 年的训练，"神五"首飞结束了，聂海胜经历了苦，经历了难，然而仍然与其擦身而过，但是他不遗憾，他要继续投身自己的飞天梦。

虽然，聂海胜以极其优秀的成绩入选"神五"首飞梯队，但是却没有成为神五首飞的真正主角。但是他没有失望，就像他妻子曾劝过他的那样："到发射那天才能确定第一个飞上太空的航天员，你要有思想准备。要是你去飞，一定要心细，争取圆满完成任务；要是别的战友去飞，也别失望，以后还有机会呢，我看'神六'航天员准有你!"他更看重的是以后的机会。

作别"神五"，军队党委说一切从零开始。这，也并没有给聂海胜太多的压力。因为他本身就是这样要求自己的。

为了能够成功入选"神六"，实现自己多年的飞天梦，聂海胜放低姿态，仍然非常虚心地学习战友的优点，从零做起，不断提高自己。

由于"神六"飞行的时间要比"神五"长一些，而航天员要进行工作的难度也要进一步增强许多。所以，要想成功成为"神六"主角就必须要付出比神五时候更加严酷的训练。所以，除了像"神五"时候那样地努力外，聂海胜将自己平时训练的难度和强度也都加强了许多。比如说"转椅"训练，聂海胜会做到 15 分钟，而规定的圈数中 10 分钟即为优秀；比如说"离心机"训练，聂海胜仍然超标准完成 G 值，很多时候面部都会被练到变形。而聂海胜在双休日时候也很少休息了，经常将其当作工作日。

为了能够实现目标，聂海胜一直如此坚持着，就像他妻子所鼓励的那样："坚持到最后就是胜利！"

从神六选拔开始以后，聂海胜就更加积极地准备，这些准备除了包括上面所说的自我训练，其中还有一项特殊的训练——"搭档"，这个工作非常关键，正所谓，团结就是力量，没有团结，毫无力量，搭档不好的话将直接影响到工作的质量和心情。

为了可以让自己和队友配合默契，聂海胜和费俊龙每天都生活、工作、训练、学习、游玩在一起，彼此信任、彼此鼓励……最后，达到一种甚至对方一个眼神或者一个微笑另外一个人都能够心领神会。

不仅如此，他们还经常进行两人的换位练习，争取可以做到完全熟悉。而且他们俩还动员彼此的妻子也在一起交流，帮助他们找到两个人的相似点和不同点，帮助他们提高两人之间心理上的相似的方法，以便可以实现足够的默契。

如此的精益求精，苛刻，甚至有点较真的要求都因为他们要将自己打造成为技高一筹的团队。因为，他们深知"神六"任务颇具严峻性，而且另外几组航天员也都是来自全国空军部队十足优秀的战斗机飞行员。

出类拔萃，不单单要求单独个体冲击 NO. 1，更要求的是这个团体可以成为不分彼此的一体。聂海胜和费俊龙深谙此理，并真正地付诸实践。

终于，十三进十，十进六，六进二，他们成为 2005 年的"神六"宇航员。

成功只青睐有准备的人，成功只青睐准备好的人，聂海胜和他的"最亲密的战友"费俊龙经过无数汗水、甚至血水的洗礼，冲击成功，成为我国第二次载人航天飞行的宇航员。

经历了一次次的历练，聂海胜和他的战友终于登上了太空，而艰苦地训练使他们达到了一种完美洒脱的"演绎"。

虽然说聂海胜和战友都完成超强度训练，但是在初登太空的时候，仍然感到了不适，就像我们在进行了无数次演练以后，甚至达到了胸有成竹，而面临真正场合的时候也仍然会有瞬间的不适感觉，而他们所面临的更是未知世界。所谓，模拟环境毕竟不等于真正的太空环境。

好在，聂海胜他们每每都超额完成训练任务量。所以，虽然在刚刚脱离地球引力的时候，他们感到了一种浑身难以言状的不适应。但是，面对这种情况，聂海胜两人迅速意识到了这种情况的危险性：如果继续延续下去，将会导致"空间运动病"，从而无法完成这次飞行任务，甚至还会出现危险。于是，聂海胜两人交流信息，马上进行抗争，他们强迫自己想象是在模拟机上静坐……全力调动意志力……竭力抗争环境所带来的束缚。

终于，几分钟后，聂海胜和其战友克服了这种难以名状的错觉，恢复到了正常的状态中，在这场意志力和错觉之间的殊死搏斗中胜出。

由于聂海胜和费俊龙在登舱之前的不懈努力、艰苦训练和默契配合，他们在太空中的表现堪称完美。

2005 年 10 月 12 日至 17 日，聂海胜和其战友乘"神六"环绕地球飞行 77 圈，行程 325 万公里。然而，为期 5 天的太空飞行中，他们的所有操作准确无误，期间发送指令上百次，进行动作上万次，竟无一差错，极其成功地完成了我国首次穿越轨道、返回船舱等等一系列高难度空间科学实验，圆满实现了我国载人航天计划承前启后的关键一步。

不仅如此，为了向国人传达他们的安全，其战友还在狭小太空船舱中做了一个拥有 4 个筋斗的前滚翻。而其功劳也与聂海胜不无关系。除了这样的配合，聂海胜在其战友出舱的时候，细心地护舱门工作也做得无可挑剔。

而且，聂海胜他们的完美表现竟然完全来源于自己所掌握的知识。而宇航船上为他们所准备的备用操作指南手册，两人都没动过，因为，他们早已将这些烂熟于心，即使闭上眼睛也可以说出舱内所有仪表、电门的位置、颜色和作用，而且张口就来。

在感动于此的时候，我们更应该感动的是聂海胜和其战友在配合上的完美无缺，就如我国首次载人航天宇航员杨利伟的评价："他们配合得如同'左手和右手一样'，在飞船发射的一刹那两手相握，在成功返回的时候两手相握！"

于是，中国载人航天工程总设计师王永志给了他们赞誉：完美无缺！

聂海胜，2003 年入选我国"神五"梯度宇航员，2005 年成为我国"神六"宇航员，期间他以平常心对待所有的一切，从零做起，虚心地向战友们学习，终于将自己打造成为一个名副其实的英雄宇航员。至此，农村娃终于实现了自己多年的梦想，而且还在自己的飞天旅程上奋斗不息！

7. 为保护人民群众生命财产献身的李剑英

李剑英生于一个善良淳朴的家庭，无论是在小学时期还是在中学时期，他均是一名品学兼优的好学生。

在校学习期间，幼小的李剑英就向往祖国的蓝天，并立志成为一名驾驭战鹰的人民空军飞行员。在 18 岁的那年，他以优异的成绩被招飞入伍，如愿以偿地实现多年以来的梦想。

李剑英是郑州第十七中学毕业的，在其当上飞行员后，全家人均为其感到骄傲与自豪。当他回家探亲的时候，弟弟向其问道："你第一次开飞机的时候害怕不害怕？"他却淡然地回答道："我从来都没有害怕过。"

在入伍之前，李剑英便有着一颗放飞蓝天的报国之心。18 岁那年，自从进入航校实现翱翔祖国蓝天之梦的那一天起，他就把其名字中建设的"建"改为利剑的"剑"，并意味深长地说道："我之所以改这个字，就是为了把自己打造成为一把空中利剑。"为了实现这一目标，他努力拼搏、勤学苦练。在航空理论学习方面，他是一名精英，被作为理论骨干由一区队调至二区队担任班长，而且还以其汗水铸造了翱翔蓝天的矫健翅膀，使自己由一名普通的高中生成长为一名"全天候"一级飞行员。

在22年的飞行生涯中，他累计飞行5003个架次，安全飞行2389个多小时，还先后荣立三等功1次、二等功1次，这些成绩的取得，均是李剑英精飞苦练的历史见证。

正是由于李剑英拥有着一颗翱翔蓝天的报国之心，才使其为之目标不断努力；正是由于李剑英勤于苦练，才使其成为一名出色的飞行员。

"海阔凭鱼跃，天高任鸟飞。"对于一名战斗机飞行员而言，是否敢于试飞未知领域，是否敢于试淌训练先河，则是其心理素质是否"过硬"的具体体现。

2005年10月下旬，当上级的一道"合同战术实兵对抗演习"的命令下达至团中的时候，得知此消息后的李剑英感到无比激动与兴奋。曾在那天晚上，挑灯夜战，并写下近一千字的"挑战书"。

进入陌生的机场之后，李剑英不仅认真学习机场的使用细则，还用心了解通信导航资料及对抗飞机的技战性能等，并为演习做着充分的准备工作。在演习那天，空袭警报骤然响起，所有参战人员均立刻奔向战斗岗位，进入临战状态。依据雷达显示情况，两架"敌机"从同一方向向我机场袭来。在指挥员的一声令下，李剑英与黄光华等4名飞行员，紧急升空并进行拦截，他所驾驶的3号战机，由于地面指挥所做的引导，迅速发现"敌机"，且以最大坡度向右转弯，仅用半分钟时间便牢牢地锁定目标。狡猾奸诈的"敌机"企图得到逃脱，然而，李剑英却沉着冷静，紧紧缠住"敌机"，距敌机两公里处果断地"发射"导弹，成功地将"敌机"击毁。在那次演习的过程中，李剑英曾创下发现目标最远、占位攻击精确的优异成绩。

李剑英这种在险中求生存，在对抗演习中勇猛战斗，敢打头阵的干劲与无畏的战斗精神，令队员们深感佩服。每当忆起此种情形的时候，飞行一大队的队长胡晓东总是记忆犹新地说道："作为一名老飞行员，每当遇到急难险重的任务时，李剑英总是第一个向前冲；每次有重大演习、训练任务的时候，他总是第一个向大队递交请战书。"由他的话语可知，一个"敢"字，却是对李剑英最为全面的阐释。

2005年7月，团里要派小分队前往西藏执行驻训任务。此次任务驻地海拔较高、地势复杂、天气变化多端，对飞机、人员的适应能力要求较高，但能够有效地锻炼并提高飞行人员在严酷复杂环境中的作战应变能力。于是，李剑英主动请缨，在他驻训的三个月期间，能够执行等级转进、紧急升空、实兵对抗等20多项艰难的任务，且每次均能圆满地完成任务。

除此之外，李剑英还尤为注重培养自己雷厉风行的战斗作风，时刻保持着"一声令下就能升空作战"的战斗要求。在初秋不经意间的一天，正在机场战斗值班的李剑英猛然听到急促的战斗警报声，便飞一般地冲向战机，开车、滑行、接通加力……在短短的三分钟之内，他就完成了战斗起飞的准备工作。后来，他先后多次奉命执行紧急起飞，无所畏惧，英勇顽强，与战友们筑起了一道难以逾越的空中屏障。

在与"敌机"的不断周旋中，李剑英巧用智谋，雷厉风行，在危险中求生存，在抗衡中勇敢战斗，从而圆满地完成一个又一个的任务。

空中一瞬间，事关生与死。对于一个战斗机飞行员而言，如何面对并处置险情，则是其所要面临的最大考验。

每当忆起当时的具体情景，飞行员叶春林情不自禁地说道："一次次的险情练就了他的一身虎胆。"

在刚刚改装歼击某型飞机的时候，依照计划需要试飞复杂的特技课目。起飞后，李剑英驾机朝着预定的空域飞去。大约过了 *20* 分钟，需要试飞"斤斗顶点"的动作时，猛然间他发现发动机的仪表指示转速，喷气温度降低，飞机速度减少，便随即判定发动机空中停车。

在内心深处，李剑英十分明白，发动机停车，将会带来何种严重后果。此时，他尤为沉着冷静，在保持良好状态的同时，随即向指挥员进行报告。左右紧紧握住油门杆，收到慢车的位置，想方设法创造空中开车条件；然后，将飞机改为正飞状态，检查高度、速度与发动机仪表指示，在符合空中开车条件的状态下，依照空中开出的程序要求进行开车：接通空中的点火电门，按下秒表进行计时，观察发动机的仪表转速、温度及滑油压力是否有所上升，一秒、两秒、三秒、四秒……一时间，喷气温度、转速指示上升，最终开车成功。从进行判断到重新启动，他仅仅只用了一分钟的时间。尚未来得及仔细品味开车成功的喜悦，他就逐渐降低飞机高度，安全返航。

此事过后，大队组织全体飞行员围绕那次特殊的情况展开一场激烈的讨论，李剑英动情地说道："飞行是勇敢者的事业，它不仅需要伴随一定的风险，还需时刻面临一些不可预测的因素。作为一名战斗机飞行员，就要在险情面前处变不惊，在困难面前毫无畏惧，只有这样，才能适应未来高技术战争的需要。"

2004 年 *11* 月，李剑英随全团前往南方某地执行低气象的训练任务。那天，依照计划飞夜航，由于空中出现大云雾的天气，可见度较差，在直线下降的过程中，李剑英修正下降航迹时，无论如何也寻找不到灯光地标，当转回视线看仪表的时候，仪表指示的飞行状态与他自己所感知的飞行状态极不一致。"错觉！"刹那间，这两个硕大的字眼立即闪现在他的脑海之中。倘若不能冷静应对，理智地

克服，后果将会不堪设想。于是，他尽自己最大的努力克制自己，使自己平静下来，做到忙中不乱。在向地面报告的同时，他不仅严格依照地平仪修改坡度，还尽心尽力结合其它仪表保持状态。

然而，老天仿佛在无形中故意考验他似的。在及时修正以后，李剑英依然感觉到飞机有所倾斜，带着坡度，不在正常的飞行状态之内。但他却始终保持着较强的毅力，坚信仪表，做着顽强的斗争，使飞机保持着良好的状态，依照预定的下滑航线降低。2000米、1000米……最终，战机却平稳地降落至跑道上。此团政委王宗学曾这样回忆道："当时，我们均为李剑英捏了一把汗。他一走下飞机，我就急忙走到他的面前，紧握住他的手，向其问及空中险情，可他却显得颇为平静。"

在战友的心目中，李剑英是一个对飞行训练精益求精的人。对于飞行前的准备，对于每一个科目，不论试飞了多少次，他都要反复计算，再三演练，将风向、风速、云雾、可见度、地面参照物等飞行参数均进行定量分析，并制定出各种预案，从不放过任何疑点。无论是飞行基础科目还是高难度科目，无论是飞单机出动还是编队的战斗动作，他均能沉着冷静，依照次序进行操作，做到柔和一致，既不急剧拉杆，又不粗猛刹车，力求将每一次飞行都有所收获、完成得完美无憾。与他长期在一起工作生活的飞行员康学毅这样说道："在飞行学员的同期学员之中，李剑英率先当上区队长，率先成为党员，被分到部队后，四次改装训练均比别人先放单飞、遨游蓝天。"

正是由于历经险情，才使李剑英在无形中积累了丰富的飞行经验；正是由于历经险情，才使其从未发生过"错、忘、漏"的现象与事故征候，成功地完成任务。

2006年11月14日上午，飞行员李剑英驾驶战机执行空中巡逻游猎例行飞行任务后，在返航的过程中，突遇鸽群撞击，为了保护人民群众的生命与财产，他在迫降的时候不幸坐机身亡。由战机发生险情至坠毁解体，仅仅在短暂的 *16* 秒之内，他却用忠诚飞完了其生命中的最后航程。

2006 年 *11* 月 *14* 日，兰空某团驻地天气少云，可见度大于 *10* 公里，是一个飞行的好天气。上午 *11* 时 *17* 分，飞行员李剑英驾驶某型歼击机起飞，照例执行空中的巡逻游猎任务。起飞、出航、空域动作、返航与解散加入起落航线均为正常。然而，令人们想象不到的是，此次驾机竟然成为李剑英与其心爱战鹰一起进行的最后一次飞翔。

"639 起落架好，大力臂!""639 襟翼全放!"*12* 时 *02* 分，战斗机飞行员李剑英接二连三地向指挥员进行报告。"检查三转弯!""立即着陆!"指挥员回应道。于是，战机一如既往地降低高度，进入三转弯，进入下滑线，一切均为正常。

12 时 *04* 分，当飞机的高度下降至 *194* 米、距离机场 *2900* 米的时候，突遇鸽群撞击，发动机"砰"地一声巨响。

12 时 *04* 分 *09* 秒，李剑英："我撞鸟了，我要调整跳伞。"

12 时 *04* 分 *15* 秒，李剑英："看迫降行的话，我把起落架收起来了。"

12 时 *04* 分 *18* 秒，李剑英："我把起落架收起来，迫降!"

12 时 *04* 分 *25* 秒，飞机解体爆炸。

这是李剑英烈士最后与塔台的三次通话，他的声音仍然十分沉稳，未能听出任何慌乱。究竟是何种原因使其放弃跳伞机会，而改为成功率较低的迫降呢？

鸟撞飞机是世界性的航空难题，每年均有不少民航、军用飞机由此遭遇空中险情与空难。对于附带两个或多个发动机的飞机来说，撞鸟后，能够紧急关闭被打坏的发动机，进而实施迫降，而李剑英驾驶的战机则是单发机型，若要着陆，难度则是可想而知。

在李剑英第一次报告飞机撞鸟的时候，战机距离机场的跑道头2900米，高度是194米。刹那间，机身剧烈抖动，发动机骤然下降，温度急剧上升，战机的高度平均每秒约下降11米。

一般而言，在遇到诸如此类的事情时，飞行员往往会报告："我撞鸟了，跳伞！"而李剑英却报告道："一定要调整跳伞！"他到底要调整什么呢？根据事故调查小组人员推断，倘若不调整而直接跳伞，飞机很有可能坠毁于村庄田野，必将威胁其人民生命与财产安全，后果不堪设想。他之所以要调整跳伞，就是为了避开村庄。依据相关介绍，从鸽群撞击点至飞机坠毁点2300米跑道延长线的两侧680米范围内，共遍布着7个自然村庄，一处高速公路收费站与一个砖瓦厂，共有836户。沿着下滑轨迹依次分布着3个村庄，共298户，居住着3700个人。

除此之外，李剑英驾驶战机多年以来，深爱着他的"伙伴"，即使只有一点希望，他也要千方百计地将战机开回去。就这样，他凭借自己精湛的飞行技术与良好的心理素质，刚毅地操纵着驾驶杆，尽心尽力将这批不听使唤的"野马"驾驶至没有人烟的跑道延长线，并沉着冷静地向其指挥员汇报道："看迫降行的话，我把起落架收起来！"望着战机即将接近跑道延长线，紧接着，他又再次汇报道："我把起落架收起来，迫降！"

起落架渐渐被收起，战斗机迅速下降，80米……60米……40米，战斗机快速下降，飞机机头微微上仰，着陆于跑道的延长线，且像快箭一般地向前冲出，当冲至离第一接地39.3米处的时候，不幸被高出地面三米的水渠护坡阻挡。12时04分25秒，飞机遭撞击后爆炸解体，李剑英由此壮烈牺牲。

在飞机解体后，发生的爆炸持续了两个多小时，爆炸现场距离最近的一位群众不足 *20* 米的距离，较为幸运的是，没有一名群众受到伤害。

后来，兰空某部的部队长李少华回忆道："当时飞机上有 *1* 发火箭弹，*120* 多发航空炮弹，*800* 多公升航空油，还有易燃的氧气瓶等物品。倘若跳伞后的飞机失去控制，坠入村庄，为人民群众带来的后果，将会不堪设想。"

事故发生后，在检查飞机残骸座舱前挡风玻璃上部的时候，空军事故结论组意外地发现不计其数的散射状血丝与鸟毛，发动机 Ⅰ 级压气机叶片呈现出被软物体撞击损伤的典型特征。在跑道北头延长线的 *2.9* 公里处，还发现 *12* 处散落的信鸽残体。

七尺之躯搏长空，信念何重身何轻。从准备跳伞的那一刻到调整后跳伞，从准备迫降到执行迫降，在短短的 *16* 秒内，李剑英为了人民群众的生命与财产，光荣地发扬了"人民军队爱人民"的光荣传统；在短短的 *16* 秒内，他用忠诚飞完了自己生命的最后里程；在短短的 *16* 秒内，他用军人的生命谱写了一曲撼天动地的炽烈壮歌。

在从军 *24* 年的过程中，李剑英陪伴他心爱的战鹰已经 *22* 多个年头。对飞行员李剑英而言，多年的军旅生涯，他过的是一种夫妻分居的生活，既不能像平常人那样在年迈的双亲面前尽孝，又不能在相濡以沫的妻子面前儿女情长，甚至不能在孩子面前尽到一个做父亲的责任。然而，对于不计其数的战友来说，他们对李剑英的称呼不知从何时开始便变为"大哥"。烈士走了，留下的不仅仅只是牵挂，还有一种精神，及对军人"责任"的最好诠释。

烈士悄然无声地走了，留下的却是诸多牵挂。不仅有白发苍苍的父母、相濡以沫的妻子，还有即将高考的大儿子、天真纯朴的小儿子。在这些亲人的心目中，飞行一直都是李剑英的最爱。

李剑英与妻子的最后一别是在 *2006* 年的 *10* 月 *29* 日，那天，他出差路过银川，顺便回家探望了一下，然而，令大家感到出乎意料的是，他竟然是其与妻子、孩子的最后一面，加上此次出差，整个2006年，他一共回家了5次。

令他们想象不到的是，妻子对丈夫的思念竟然换来的是伤心欲绝，孩子对爸爸的渴盼竟然得到的是惊天噩耗。

2006年11月14日中午，他的妻子李月平就有一种不祥的预感，午休时，身体一向不好的她头脑昏昏沉沉的，在似睡非睡之间，她猛然产生李剑英坐在沙发上的幻觉，随后猛然惊醒。起床后，妻子依照丈夫的叮咛，吃了许多水果以增加营养，提高身体免疫力。正在这时，部队的领导敲门而入，告知她李剑英在飞行时遭遇鸟撞而失踪的噩耗。听到这个消息，刹那间，李月平就瘫软在地，失声痛哭。对于丈夫的这一举措，李月平甚是理解。

壮丽的那一瞬间，源于对崇高理想的不懈追求。在幼年的时候，李剑英就喜欢穿军装；到了高中的时候，他把当一名战斗机飞行员视为人生的最大追求；如愿以偿地成为一名飞行员后，他就把爱战鹰、爱飞行、爱祖国作为人生誓言；入伍24年以来，他便把这种博大的爱融进人生。

一直以来，李剑英的家庭充满着各种各样的挫折与坎坷，然而，他却从来没有动摇自己热爱飞行的事业心。1992年，前妻由于对他的飞行事业颇不理解，而与其分手；2004年，现在的妻子李月平由于患有系统性红斑狼疮，每月需要化验尿、血常规、吃中药与激素等；同年，李剑英的父亲患有脑血栓，母亲患得精神病，时常住院治疗；岳父患有关节炎，于2005年6月瘫痪在床……面对这些困难，李剑英总是勇敢地面对，想方设法努力克服。平时，他尤为节俭，生活方面能省则省，一套便装一穿就是多年。他有20多年的烟龄，为了节省钱财给妻子与老人看病，在平日的生活中，他仅用5

角钱买一包的麻子解解烟瘾，最终，却强制自己戒烟。

作为一名正团职飞行员，李剑英不但对此没有任何的失落感，反而积极求飞，不为家庭的重重困难而拖累，生怕耽误自己的飞行训练。2004 年，妻子李月平由于病重被转到北京住院，团领导特意安排他前往北京陪同，他仅仅呆了一个星期，就给团领导打电话说："妻子的身体一直都是这样，在治疗方面有医生和护士，我也帮不上太多的忙，还是让我回去继续飞行吧！" 2005 年 7 月，团里要组织小分队入藏驻训，考虑到他的妻子身体状况不太好，组织并没有将其列入计划，然而，李剑英却主动要求，并称自己早已做好妻子的思想工作，坚持参加西藏的驻训工作。在从事飞行的 22 年中，李剑英年年出满勤，飞行时间次次排在全队前列。仅在 2006 年以来，他就已飞行 144 小时 42 分。

由于驻地离家较远，李剑英平日极少回家。2005 年，他没有休过一天的假；2006 年五一时期，部队安排他前往青岛疗养，在途中路过家乡郑州时，李剑英便下车与父母及兄弟进行短时间的相聚。由于行程较紧，一家人只是凑在一起吃了晚饭，聊得颇为开心。但没有想到的是，那天却成为他与全家在一起的最后聚餐……

李剑英逝世以后，年迈的父母多次昏迷，苏醒之后断断续续地说道："他从小热爱部队，喜欢飞机，颇有志向，是一个好儿子……" 他的弟弟妹妹两眼布满血丝，深情地追忆道："哥哥在 18 岁离开父母，2006 年春节，当他回郑州探家时，体弱多病的父母望着哥哥那黑黝黝的脸庞，心里不知有多么心痛，多么渴望他停飞而回到自己的身边，就在他即将归队的前天晚上，父母终于忍不住了，情不自禁地说'剑英，你从小离开家，现在年龄也不小了，我们的身体也不是太好，你的家属也是一样。现在你都四十多岁了，你干脆给部队申请停飞算了，全家人团聚在一起过个安稳日子就行。'"

虽然话语如此，但在心灵深处，他们深知，李剑英是那种几天不飞行、浑身便提不起精神的人。倘若部队不让他停飞，而其让他停飞，则是一件绝不可能的事情。曾在当时，他只是对父母搪塞道："我回去看看吧！"然而，在归队之后，他又若无其事地开始参加飞行训练。

2006 年 11 月 20 日，在李剑英烈士的追悼大会上，他的母亲一遍遍地责怪自己的儿子："你是英雄，咋不把飞机开回来呀？"在追悼大会结束后，年迈的双亲立即回到郑州，对此，他们却这样解释道："剑英生前从不愿意麻烦领导，我们做父母的，在他走后也要让儿子放心。"

一直以来，李剑英的大儿子李準与爷爷奶奶在郑州生活，直至 2005 年，才在父亲的强烈要求下，转学至银川。虽然平日与父亲聚少离多，但能够见到父亲，16 岁的李準还是十分高兴。由于与老人在一起生活的时间较长，李準的性格难免有些内向。当他转学至银川后，李剑英无微不至地关心着，呵护着。为了使孩子拥有一个健康的心理与强壮的身体，李剑英在有空的时候，不是教儿子一些做人的道理，就是带领儿子爬山、踢球等。仁慈的父亲，使得儿子在最短的时间内便"焕然一新"。

李剑英牺牲后，部队派人从银川将李準与弟弟接至部队驻地，并声称是看爸爸，他们异常高兴，一路上有说有笑。然而，当到达部队营区后，望着许许多多的叔叔阿姨在门口等待他们，望着满眼泪水的爷爷奶奶，李準一下子便明白事情的原委，"扑通"一声跪到爷爷奶奶的面前，孩子的懂事令在场的人们无不为之感动，无不为之流泪，他紧紧地搀扶着妈妈，噙着泪水说道："妈妈，虽然爸爸走了，但我们还要过呀，你一定要坚强，有我和弟弟呢。"

对于父亲，李準拥有着他人难以理解的一种敬慕之情。尽管与爸爸见面的机会屈指可数，但李準时常在朋友面前自豪地夸奖自己的父亲。对于爸爸的这一举动，懂事的孩子总是噙着眼泪对爷爷奶奶说道："爸爸的牺牲是伟大的，如果他跳伞了，虽然我们全家能够保全，但不知会有多少老百姓的家由此遭遇飞来横祸。再说，飞机又不长眼，掉下来砸到哪一家都不好，到时候，伤心的将恐怕不止一家了。"

李準既懂事，又坚强。为了能够祭奠父亲，为了能够送亲爱的爸爸最后一程，在随后的几天里，他时常前往父亲殉难的地方，并在那块父亲长眠的地方不断寻找。终于，在爸爸牺牲的那片土地里，他寻找到飞机上的一块座舱碎片，这是爸爸生前留下的物品。于是，李準特意请人将其刻成三个项坠，一个是星星状的，送给妈妈；另外两个是月亮形状的，由自己与弟弟保留，上面均刻着一个"英"字，这是别人对其父亲的爱称，星星与月亮则象征着永远陪伴长眠在蓝天的父亲。

李剑英不仅爱妻子、爱孩子，还深爱着自己的飞行事业。几年之前，看到与他同期入伍的战友专业回到家乡，父母便渴望他也能过着安定平稳的生活，早日专业回家。与此同时，他的三弟已托人为他联系好一家月薪过亿的航空公司。当父母将其告诉李剑英后，他却耐心地对老人劝说道："我也很想回到你们的身边，尽一尽做儿子的责任，但我是一个军人，哪能说走就走。再说，国家培养一名飞行员并不容易，等到我哪天实在飞不动了，一定会主动提出转业回家，到时再好好陪你们。"他一边说着，一边把自己荣获的第一枚军功章送给弟妹，并鼓励他们努力工作，尊重长辈，做一个令父母骄傲的人。

对于蓝天，李剑英用其赤诚的心描绘着心中的向往；对于战鹰，李剑英用其真挚的爱抒发着自己的炽热；对于飞行，李剑英用其实际行动诠释着非凡的誓言。

8. 反腐倡廉的忠诚卫士余春坤

余春坤，出生于宁波市镇海区骆驼街道甸张村一户农民家庭。余春坤的父亲曾当过军人，因此，童年时期的余春坤就经常听父亲讲一些战斗故事，在父亲的熏陶下，春坤幼小的心灵里已经埋下了"长大后要当一名解放军，为保卫祖国做贡献"的心愿。然而，父亲在家呆的时间并不长，有好长一段时间都远在昆明，春坤则跟随母亲生活在甸张村。母亲长期在家务农，生活过得很清苦，平时就靠父亲寄钱接济。余春坤还有一个弟弟和一个妹妹，作为大儿子的他比同龄的孩子成熟了许多，早早就能够生活自理。

在余春坤18岁那年，父亲写信要母亲到昆明做家属工，而母亲放不下家里三个孩子。懂事的余春坤看出了母亲的心事后，就对母亲说："妈妈，你去昆明吧，家里的事你放心，我可以照顾好弟弟妹妹。"就这样，余春坤一个人承担起了家里的重担。除了白天务工，他还在自家承包的田里种上了棉花。为让远在异乡的父母放心，他还写了一封信说："弟弟妹妹都很好，家里也好，你们不必挂念。另外，我还种了一亩地的棉花。请妈妈注意身体，安心工作……"母亲读着儿子寄来的信，眼眶湿润了，有这么一个懂事的儿子，她感到很自豪。

1983年，对于余春坤来说，是值得难忘的。这一年，他19岁，到了实现当兵梦的年龄。听到征兵通知后，余春坤很快就报了名。随后，他又向远在云南的父母发了一份电报，说明情况。父母知道此事后，非常赞同儿子这一举动，支持他去部队这个大熔炉里锻炼。尽管家里比较困难，入伍期间也不可能挣很多钱，但儿子那颗报效祖国的心比什么都重要。几天后，经过体检、政审等一系列程序，余春坤终于如愿以偿地收到了通知书。那天，他尤为兴奋，抱着通知书，一夜都没睡好。

为了使儿子能够在部队安心服役，在入伍的前一天，父亲特地从昆明赶了回来，准备送儿子去参军。在送余春坤的途中，父亲拉着他的手，深情地说道："儿呀，在军队一定要经受得住挫折和考验，要好好听首长的话，安心服役，为父母和家乡父老争光。"余春坤坚定地点了点头。就这样，他带着对部队生活的向往，带着父母和家乡父老的嘱托，踏上了军人旅程。

刚到部队，余春坤感觉一切都很新鲜。但日后艰苦的新兵训练和日复一日单调的部队生活，使他逐渐失去了新奇感。但每当这个时候，他就总是会想起父母的嘱托，因而也就能够很快振作精神，全身心投入到军营训练中。

两个月后，新兵连生活结束了，余春坤也因综合素质良好，被点名分配到支队的拳头中队——直属一中队。这时，他心想：既然自己的军事素质已经是佼佼者，就一定能够分到特勤排。然而，出乎意料的是，余春坤被分到了炊事班。听到这个消息，余春坤心中的那份委屈一下子涌上心头。之后的几天里，他的心情一直都不好，总是想找个地方出出气。

一天做饭时，由于挥铲用力过猛，余春坤竟然把中队百十号人吃饭的大铁锅捅了一个窟窿，顿时，锅里的汤浇灭了炉火，滚烫的开水流得到处都是。此时，余春坤惊呆了，不知怎样才好。看到这样的状况，老班长没说一句话，赶紧收拾了一下"残局"。开早饭的时间到了，但军营里并没有像往常一样响起开饭的哨声和嘹亮的歌声。直到上午十点多钟，部队才开始吃早饭，余春坤因为害怕，也没敢吃饭。过了一会儿，老班长把饭送到了余春坤的面前，看着余春坤吃完饭后，语重心长地说："小余，你要好好想一想，不要瞧不起炊事员。如果大家都不想干炊事员，中队战友们连饭都吃不上，还能执勤训练吗？其实我们炊事员和战斗班一样重要，只要你干好，炊事员同样有用武之地。锅的事你就别多想了，我去集上把锅买回来了，现在正在安装，战友们都能够谅解。"望着老班长关切的眼神，余春坤陷入了深深的沉思中：当兵的目的不就是为部队、为国家做贡献么？小时候经常唱'学习雷锋好榜样''愿做革命的螺丝钉'，当炊事员不正是一颗'螺丝钉'吗？想到这些，余春坤幡然醒悟。于是，他写了一份深刻的检讨，并提出了下一步努力的方向，送到了老班长那里。班长并没有批评他，而是轻轻地拍着他的肩膀说："小余，踏踏实实地干吧，将来你会有出息的。"余春坤没有辜负老班长的期望，从此以后，他将炊事工作做得井井有条，手艺也日益见长，能够炒出几个像样的小菜，得到了战友们的一致好评。

不久之后，余春坤就被调到了战斗班，并在同年度兵中种第一个担任了班长。

小时候的余春坤是很懂事的，在父亲的熏陶下，他也有了当兵的梦想，这就为他踏上军人的旅程奠定了良好的基础。进入部队后，身边所发生的事情，也让余春坤更加懂得了当兵的目的是为部队和祖国做贡献，这也成为了他日后努力的原动力。

曾有段时期，阜阳各地假钞成灾，吓得小商小贩们在摊位上打出了"拒收百元钞票"的牌子，这样一来，严重扰乱了金融市场秩序。面对这样的形势，余春坤暗下决心："决不让假钞贩子从我们眼前溜走。"

1997 年 *2* 月 *7* 日晚上，余春坤在阜阳火车站 *2* 号站台执勤。就

在这时，一趟从广州开往北京的列车进站，随后，从车上下来了一个西装革履的青年。青年下车后，一看附近有武警执勤，就本能地把拎在手中的一只黑色马桶包抱入了怀里，跳下站台沿铁道往南走。

看到这一切，凭以往的经验，余春坤料定包里一定有情况。于是，他叫住那名青年，问道："你怎么不从检票口出去？"青年一听，连忙解释说："我，我急着赶路。"

余春坤立即让青年打开马桶包，接受检查。这时，青年忙掏出一沓钱，假装笑脸说："检查就免了吧，咱俩交个朋友好不好，这点钱就算是见面礼。"

青年过分的热情，不仅没有动摇余春坤的心，反而更坚定了他的猜测。青年见软的不行，就又来了一招，说："其实我早就认识你，你不就是武警支队的副参谋长吗？你不为自己着想，也该为老婆孩子想想吧。"

面对威胁恐吓，余春坤依然没有退缩，而是一把夺下马桶包，抓住青年的衣领，把他领进了民警值班室。果然不出所料，余春坤和几位民警从马桶包内搜出了一支自制手枪、一把匕首和两捆足有20万元的假钞。后来，经查证，此青年常年流窜于广东与阜阳之间，专门从事贩卖假钞活动。

2002年2月3日，余春坤正在火车站执勤，突然发现有一辆乳白色的面包车，在离检票口不足20米的广场上戛然停下后，茶色车窗被打开一条缝隙，随即又被关上，直到开往广州的那趟列车开始检票，车门才打开，随后，就从车上下来了4个农民打扮的中年男子，两人一组，分别抬着两个木箱，行色匆匆，边走还边嘀咕着。

这一异常举动顿时引起了余春坤的警觉。于是，他就主动迎了上去，不动声色地说："同志，请把你们的箱子打开，我们要例行检查。"4人一听，就傻了眼，其中一人故作镇定地上来敬烟。余春坤把手一摆，又说道："谢谢！我不会抽烟。请你们配合我的工作，把箱子打开。"那人见情况不妙，就连忙从口袋里掏出了一沓钞票，硬往余春坤手里塞。

余春坤依然严词拒绝，并立刻用对讲机叫来了两名执勤的战士，把4人带进了民警值班室。打开箱子后，余春坤发现里面竟然装满了古董。

后来，经公安机关审讯，原来，这是从河南流窜到安徽境内一个专门盗掘古墓、贩卖文物的犯罪团伙。他们带着70多件国家二级以上文物，准备乘车南下广东，再伺机与境外文物贩子勾结，高价卖出，不料，却被余春坤逮了个正着。

在金钱面前，余春坤没有动摇，想尽办法让犯罪分子归案，这正是一个共产党员、一个武警战士应有的作风。

危急关头，余春坤总是表现得镇定自若，誓与犯罪分子斗争到底。

1998年11月27日夜晚，河南省沈丘县卜楼行政村发生了一起骇人听闻的杀人焚尸案，受害者佩戴的"七七"式手枪也被抢走。后经公安机关研究侦查，犯罪嫌疑人朱建业杀人夺枪后，潜逃到了临泉县长官镇吴庄村牛玉梅家中。

接到任务后，余春坤就带领由10名突击人员和2名特等射手组成的战斗小分队迅速赶到了现场，包围了牛玉梅的家。

意识到自己插翅难逃，朱建业疯狂地喊道："老子已经杀死一个，不怕死的就过来。"一边说，还一边朝窗外开枪射击。

就在这危急关头，余春坤一声令下："发射催泪弹。"随后就迅速向朱建业靠近。"砰、砰"，朱建业又朝外边开了两枪。这时，余春坤侧身一脚踹开了紧锁的大门。绝望之际，朱建业开枪打死了牛玉梅，然后企图自杀，却被冲进来的余春坤生擒。

2001 年 4 月 22 日，公安机关接到群众举报，说是有人贩卖假钞。为了尽快破案，余春坤就乔装打扮，化装成假钞贩子。当他来到嫌疑犯的住处询问时，对方称他找错人了，便准备关门不理。余春坤见状，忙一脚踏进门槛，用浙江宁波口音开了腔："朋友，有饭同吃嘛。"听到这话，对方依旧疑惑不定。

为消除对方的顾虑，余春坤气派十足，甩出了事先准备好的两万元现金，说道："你开个价，我们宁波人做生意讲的就是信誉!"见对方依然心存疑虑，余春坤就欲擒故纵，"啪"得一声把钱装进了密码箱，抬脚就走。这下子，对方急了，连忙拉住他说："朋友，有话好商量嘛。"说完，就连忙从床下拖出了一个麻袋，从中取出假币。就在这时，余春坤以迅雷不及掩耳之势，迅速掏出了手铐，将其擒获。之后，当地机关以此为线索，一举破获了一个由 23 人组成的特大团伙贩卖假币案。

作为武警战士，他在神圣的岗位上，用赤胆书写了忠诚；作为共和国卫士，他在与犯罪分子的较量中，用勇敢铸就了辉煌。

"人生是一个过程，而奉献正是这个过程中生命能量的释放，更是人生价值的体现；没有奉献的索取那是剥夺，这样的生命会失去光泽。而作为一名军人，必须用汗水、血水、毅力和忠诚去浇灌自己的岗位，这样才会成为一名无愧于党、无愧于部队、无愧于人民的革命军人。"

在荣誉面前，余春坤总是不居功自傲，始终保持着普通士兵的本色，用赤诚和热血谱写着一曲又一曲的时代新乐章。

一次，余春坤接到了春运指挥部的紧急通报：A51 次列车上发生了一起团伙持刀抢劫旅客案，请求武警支援。随后，余春坤迅速组织了由 20 人组成的抓捕小组，赶到了列车即将停靠的第五站台，并严密布控了犯罪嫌疑人有可能逃跑的区域。

当余春坤和战友们搜到第六节车厢时，突然发现一名男子慌慌张张地从车窗跳了下去，向一侧居民地逃窜。余春坤见状，连忙飞身跳下列车，组织战友进行合围，并以娴熟的擒敌动作将犯罪嫌疑人抓获。与此同时，另一搜捕小组也将其他4名犯罪嫌疑人抓获。就这样，一个专门流窜在列车上作案的犯罪团伙终于被一网打尽。

后来，当有人问起余春坤从军20年来最大的感受是什么的时候，余春坤意味深长地说道："人生是一个过程，而奉献正是这个过程中生命能量的释放，更是人生价值的体现；没有奉献的索取那是剥夺，这样的生命会失去光泽。而作为一名军人，必须用汗水、血水、毅力和忠诚去浇灌自己的岗位，这样才会成为一名无愧于党、无愧于部队、无愧于人民的革命军人。"

余春坤就是用自己的实际行动，践行着"做党和人民忠诚卫士"的铮铮誓言，也正因如此，他受到了驻地政府和广大人民群众的高度赞誉，这也是理所应当的。

9. 中国漫步太空第一人翟志刚

翟志刚，很小就是一个非常乖巧的孩子，热爱劳动，是班级的劳动委员；回到家之后，帮助妈妈做家务。还曾经不忍母亲太辛苦而想中途退学，在家帮忙。

翟志刚，男，汉族，身高172cm，1966年10月10日出生在嫩江平原上的黑龙江省齐齐哈尔市龙江县的一个贫困的小村庄。那一年父亲翟向朝53岁，母亲贾桂芝41岁。在他之前，这个贫困的家庭已有五个孩子，三个姐姐和两个哥哥。所以虽说黑土地肥厚，但是翟志刚一家仍没有摆脱贫困的缠绕，而翟志刚的诞生，使原本就常为吃饭而愁的家庭，日子就变得更加紧张，但老来得子的父亲却异常高兴，在他看来，多一个儿子，未来就多一份希望。

翟志刚的父亲翟向朝和母亲贾桂芝都是目不识丁的老实巴交的农民，他们有着超出常人的勤奋，而这也正是翟家一家在多年前跟随他们的上一辈，能从老家河南青丰县逃荒到龙江并立足的根本之所在。然而，不幸的事情降临在这个家庭了，长期的劳累终于使得父亲的身体在翟志刚出生后开始大不如前。翟志刚的大哥翟志强记得："一天，父亲在为生产队劳动垄地时，突然摔倒在田间，后来腿脚便不再灵活。从此，不能干重活的父亲，整天显得忧心忡忡，原本就脾气不好的父亲开始更加暴躁，时常因为一些小事对母亲发火。"但是，他们善良、可亲的母亲并没有丝毫的抱怨，她能理解丈夫所承受的压力，对于她来说，丈夫能活着就是万幸了，他是自己的精神支柱。于是，她默默扛起这个大家庭的生活重担。那时，已经四十多岁的她，像个强壮的男人一样在生产队忙碌，冬天上粪，夏天锄草翻地，为全家挣得那微薄的工分。

翟志刚小时候，养家糊口是家里头的头等大事。在成为家里头等大事的日子里，幼时的翟志刚并没有得到特别的照顾，而生性内向的他也实在普通不过，从外表看，甚至不如他的姐姐哥哥聪颖活泼。"他很沉默，不爱说话，也不愿意出去跟小朋友玩，就喜欢跟着母亲做一些力所能及的家务。"大哥翟志强回忆，难能可贵的是，他是家里姐弟6个中唯一没有被脾气暴躁的父亲骂过的孩子。

父亲长年卧病在床，一个大家庭全靠母亲支撑。但是尽管生活困难，目不识丁的母亲对子女上学却毫不含糊。她深深懂得读书对孩子的意义，她把节衣缩食积攒的钱几乎都花在孩子们念书上。"咱翟家就是砸锅卖铁也要供几个孩子读书。"母亲贾桂芝说道。正是母亲的这份信念，生活在那个贫困村庄的翟家儿女，除了"淘气"的二姐小学毕业外，其余的孩子都读到了高中，大姐翟朋素还考取了当地师范，成为生产队里人人羡慕的老师。

翟志刚九岁那年，母亲贾桂芝将他送到距家60米远的龙江镇小学去读书。此时，师范毕业的大姐翟朋素已是这里的一名年轻老师，针对家里这个最小的弟弟，她花很多的精力在他的身上，希望他能好好学习，但是，令人失望的是，勤奋刻苦的翟志刚在学习上并没有名列前茅。这是为什么呢？大姐翟朋素说道："因为，他总爱替家里操心，这直接影响了他的学习。"她依稀记得，一放学，翟志刚就往家里跑，替忙里又忙外的母亲干家务。为此他的大姐没少批评他，但翟志刚的反驳总让大姐语塞，"母亲这把年纪了，我能看着她像父亲那样以后不能动吗？"

初中毕业时，眼看年近六旬的母亲，每天起早贪黑炒瓜子到街上卖得辛苦，让刚考上高中的翟志刚难以承受，他心疼母亲，因此产生了辍学回家帮母亲干活的念头。翟志刚回忆说："体弱多病的母亲，靠卖炒瓜子供我读完小学和初中。每天起早贪黑到街上卖炒瓜子，风里来雨里去，每天晚上回来，用她粗糙而又裂着口子的双手将一张张发皱的角票分币点捋平整。这场景让我感情上再也忍受不了，我含着热泪对母亲说：'我不想继续念书了，我要帮您老人家支撑起这个家……'"谁知，不等儿子说完，一向慈祥老母亲就发了火，她厉声回绝道："绝对不行！妈和你爸一辈子不识字，但我们不想你们也不识字。妈也不会讲什么大道理，但我认准一个理，你这个书必须念下去！"

在母亲坚决的态度下，翟志刚继续他的高中学业。然而，此时，家里日子越发窘迫，已经70岁的父亲开始瘫痪在床，原先维持生计的几亩土地被县城建设征用。尽管如此，翟志刚的学业仍然在继续。

每当翟志刚向母亲提出交学费、买学习资料的事情时，母亲都会二话不说，爽快地掏出钱来催促他去买、去交。

为了养活这个家庭，供儿子读书，他已经58岁的老母亲想到了一个赚钱的渠道——做小生意。她在外面买来生瓜子，在自己家的锅里炒熟，然后带到县城的电影院和剧院门口去卖，一茶杯一毛钱，一年四季，风里来雨里去，从没有阻断过。知道母亲靠卖瓜子赚钱供自己读书时，翟志刚曾无数次偷偷流泪，但他再没向母亲提过退学的想法，他知道，那样只能让母亲更加伤心。于是，除了珍惜来之不易的学习机会之外，他还想尽办法帮助母亲，以减轻母亲的劳累。上完晚自习回到家，翟志刚就主动帮母亲炒瓜子。到后来，他竟炒得一手好瓜子。"炒瓜子并不容易，火太大就焦，火太小又很难熟，但他能把火候掌握得恰到好处。"但是，这却是翟志刚的唯一的过人之处。

翟志刚是腼腆的，是孝顺的，正如妻子张淑静对他的评价那样："他是很负责、温情的丈夫；他是儿子眼中可爱的父亲，他更是父母面前孝顺的儿子。"中华民族的伟大品质、优良传统，在翟志刚的身上，闪烁了耀眼的光芒。

小时候的翟志刚，性格比较内向，从不多说话。但是，他的心里非常有数。比如，自从他辍学被母亲责备后，他就深知母亲的心，知道全家把希望都寄托在他身上，所以，从此之后，努力学习，并以自己的方式做力所能及的事情帮助母亲。

航天员翟志刚的母校是龙江二中，而翟志刚的名字，也已经被写进了校史。学校现任常务副校长徐东升是翟志刚当年的班主任。在他的印象中，翟志刚是个特别吃苦耐劳的"孩子"。"他是一个勤奋好学的好学生，性格内向，不爱说话，因为吃苦耐劳被任命为班级的劳动委员。"

从 1982 年至 1985 年翟志刚在校学习期间，学校经常组织学生劳动，那时候身为劳动委员的翟志刚亲自带领学生们挖水沟、清淤泥，将任务完成得井然有序，受到老师和同学的好评。"无论是我们老师还是学生，都特别喜欢他！"常务副校长徐东升笑着说道。

龙江镇通达街 11 号一处低矮的平房是翟志刚的哥哥翟志强家。室内首先映入眼帘的是室内墙的正中粘贴着弟弟翟志刚从北京邮回来的神州六号宇航员的宣传图画，哥哥提及弟弟时一脸的骄傲。他说："兄弟姊妹六人身体都很好，弟弟性格腼腆、内向，做事不露声色。小的时候非常懂事、节俭，1985 年考上大学时把自己积蓄的 200 多元钱拿出来交给家里，当时 200 多元可不是小数目，都是他一分一分的积蓄起来的。那时家里很穷，父亲长年卧病在床，妈妈靠卖炒瓜子支撑这个家。家里的家务弟弟都帮着干，晚上经常都是从学校回来做完晚饭后再炒一锅瓜子才去学校上晚自习。"

高中时，翟志刚依旧内向，不爱说话，也没有什么特别的爱好。在他过多地操心家庭的影响下，他的学习成绩依然是而无起色。"勉强算个中等生。"翟志刚的高中好友罗卫东说，"在班上他也很少引人注意，没有太突出的地方，更没有表露出他有着超强的体质和良好的心理素质，如果说有特长的话，只能说他的硬笔书法不错，时常给班里出黑板报。当然，翟志刚在很多地方都不落后，比如中长跑，在班上从没有进入过前两名，但能稳定在三四名；情绪也不像这个年龄人会时而惊喜却又时而低落，但他总是保持得很沉稳，心态非常平和。"

其实，翟志刚是非常聪明的，接受新事物的能力也非常强。有一次，翟志刚在同伴的拉扯下，和他们一起玩一种类似台球的游戏，叫克郎球，当时翟志刚是第一次接触到这种东西，他完全不晓得怎么玩，然而，只看别人玩了几次，自己试了几下，就把他们几个老手打败了，这让其他同学佩服不已。

1985年6月，正是翟志刚高考时期，空军飞行学院照例到龙江来招生。当时，全县几百名应届高考生全都去了，翟志刚也并不热心地报了名。一来是他不能丢下老人去外地上学；二来则是对自己没抱多大的希望。因为在他看来，那些学校体育训练队的同学更可能被选中。越是不抱希望反而越有希望。第一轮筛选下来，那些被寄予厚望的人反而都被刷了下来，而翟志刚却出现在到齐齐哈尔复检的3个二中学生之中。这个结果令全校师生震惊，而这也是他第一次引起人们的注目。"大家都很惊讶，怎么会有他，甚至有人怀疑，是不是体检的人搞错了。"回忆当时的情景，他的同学罗卫东说道。紧随其后的第二、第三次复查打消了大家的疑虑，他成为龙江二中当年唯一一个被录取的飞行员。当好友跑来告诉他这个令人开心的好消息时，他也兴奋地跳了起来，他说："其实男孩子哪有不愿当空军飞行员的道理。可一想到家，一想到母亲就无法轻松。"然而，开心也只是一刹那。一想到家里的情况，他怎么也开心不起来了。那天晚上，他将母亲接回家，等一切家务都安顿好了才慢吞吞地告诉母亲考上飞行学院的事。本已疲倦的母亲听到这个消息立刻变得精神抖擞，非常激动："哎哟，这下我儿子可出息啦！"而他久病的父亲逢人到家就讲，"我家三儿要当飞行员了。"翟志刚走之前，全家人宴请所有乡邻们，在乡邻们一声声的祝福中，多年来积压在父亲和母亲脸上的愁云也从此消散。

龙江县并不大，街头到街尾认识的人不少。说到翟志刚，总有人竖起大拇指："那孩子，从小就好！"70岁的刘云涛老汉是翟家的老邻居，他现在总是拿翟志刚给自家孩子当活教材，"你看看人家翟家老三！多出息！"

1985年5月，翟志刚考上长春第二飞行学院，开始了他"飞天"的旅程。

在翟志刚离家上大学的前一天，母亲破例没有出去卖瓜子。她向邻居借了 20 元钱，给儿子买了一个大黄提包，想帮儿子收拾行装。可是，家里实在没有什么可带的，偌大的包中空空荡荡。母亲对此落泪了："儿呀，妈多想给你装上一大包你爱吃的爱穿的，可妈和这个家没什么让你带的……"最后，母亲为儿子炒了一锅瓜子，一粒粒地选出个大饱满的，装到旅行包里。上火车时，母亲从贴身的小包里掏出一张带着体温的 5 元钱，硬塞到儿子手里。翟志刚再也忍不住心酸，搂住白发苍苍的母亲哭了。

然而，因儿子骄傲的父亲终究没能看到自己的儿子飞上蓝天，就在翟志刚到长春飞行学院的那年冬天，父亲离开了人世。翟志刚匆匆赶回老家，在处理完父亲丧事的第二天，他不得不回到训练基地。"神舟五号"发射前翟志刚总共回家四次。母亲想他时，就对着照片抱怨，"你怎么就不想妈呢！"但每每说完就又乐了，她知道儿子干的是大事。这期间，那个曾经制造惊喜的年轻人逐渐为大家所淡忘。直到"神舟五号"飞天前，乡邻和同学这才发现，这个年轻人又一次让他们震惊。

因自身条件好被长春第二航空学院录取，光荣地成了一名飞行员。带着母亲以及所有亲人们的殷切的希望，翟志刚一步一步地成长起来。先后任飞行中队长、飞行教员。

1995 年 5 月的一天，翟志刚参加飞行训练。忽然，一股强劲的气流卷起沙尘暴向机场袭来。当时，他正在返航途中，目视已看不清地面，风速 10 米以上，他驾驶战机完全凭仪表安然着陆。那一次，他荣立了三等功。

1996 年初夏，翟志刚接到通知，参加航天员初选体检。初检合格，他又接通知到北京空军总医院参加临床体检。再接下来，他来到北京航天医学工程研究所，参加"特检"，也就是航天生理功能检查。医学临床检查，要对人体的几十个大大小小的器官逐一检查，随后的航天生理功能检查更是苛刻。几个月下来，1000 多名初选入围者已所剩无几。

翟志刚顺利地一关一关闯过。他的临床医学和航天生理功能各项检查的指标都达到优秀，令评选委员会全体专家信服。

从飞行员到航天员，有许多东西要从头学起。基础理论训练，就有十几门课程。翟志刚回忆说："我当飞行员已飞过了 1000 小时，基本上可以吃老本了。到这儿后，天天要像准备高考的学生似的趴在桌上读书，学的东西还都很枯燥，听起来很吃力，开始确实不适应。初来时的两年，晚上 12 点前没睡过觉。"

航天环境适应性训练，是一项非常艰苦的训练。然而，自始至终，翟志刚都是面带微笑。首飞之前，翟志刚的心理教员曾问过他："你想没想过如果选你去执行首飞任务，会是什么心情？"翟志刚满脸笑开了花："我会比平时训练更放松，就让我轻松地去飞吧！"

翟志刚的孝顺在老家，那是出了名的。翟家几十年的邻居刘云涛老汉，提起翟志刚就竖大拇指，说这孩子仁义，是个好孩子。他经常教育自己的子女和孙子要向翟志刚学习，向身边的英雄学习。

1985 年，翟志风考上军校，临走前一天，母亲掏出一张带体温的 5 元钱塞给儿子，翟志刚则将一个纸糊的小箱子留给母亲。家人打开看，里面全是 1 分、2 分、5 分的硬币，是他高中三年省吃俭用留下的，竟然有 200 多元。到学校后，翟志刚每月都有 12 元的津贴，每次他只留下 2 元，其余全部寄给母亲。他知道母亲爱喝糖水，就给母亲捎去白糖、奶粉。2003 年母亲过世，他三天后才赶回家，没见上母亲最后一面，含泪跪地给母亲磕了三个头。

考入大学当上航天员的翟志强和母亲的感情深厚，对母亲更是非常地孝顺。81 岁高龄的母亲离不开故土，她不愿离开这里跟儿子到北京享福。无法守在母亲身边尽孝的翟志刚只有通过寄点钱来表达一个儿子的心意。他说，寄多少媳妇都不管，直到寄得我心里舒服为止。

成为航天员后的翟志刚回家探亲的次数屈指可数，但是，每次回家探亲，他都会时时守在母亲身边，陪着唠嗑，对母亲的头疼脑热更是悉心的照顾。然而，令人遗憾的是，这个制造惊喜的航天英雄，如今却永远再无机会表达他对母亲的歉疚。这个制造惊喜的航天英雄，就是最爱的母亲，却无缘与其见最后一面。

就在"神五"发射那一年，正当翟志刚作为首飞梯队成员刻苦训练时，他的母亲已经病重在床。孩子是父母最大的牵挂，小儿子翟志刚更是母亲放不下了记忆。知道儿子成为航天员并为上天而准备着、忙着，坚强的老人硬是不让家人把她病重的消息告诉儿子。

"神舟五号"发射前夕，母亲开始昏迷。然而，为人儿子的翟志刚，直到"神舟五号"载人飞船成功发射后才得知了母亲病重的消息，本想直奔母亲床前的他，却因为"神舟五号"载人飞船成功发射后的一系列工作而耽误了行程，只得打电话回家："请代为我照顾母亲，这边的工作一旦完成，我便马上赶回家。"

时不待人，天不从人愿。在翟志刚 37 岁生日那一天，他的老母带着遗憾永远地闭上了眼睛，然而，在临走前，昏迷多日的母亲却顽强挤地出最后一句话："别让三儿为我耽搁了工作。"母亲过世后的第三天，翟志刚赶了回来。面对母亲的冰冷冷的墓碑，这位刚强的东北汉子泪流满面地跪在地上给母亲磕了三个头。

母亲去世后，因工作的关系翟志刚回家的次数更少了。"回家与母亲永别后，他又踏上为'神六'奋斗的征程，打电话回来常说，想抽时间回来到父母的坟前上炷香，但两年他都没有抽出时间。"哥哥翟志强说道，"但我们不怪他，父母地下有知也不会怪他，因为他做的是一份神圣的工作。"2007年8月齐市首届和平节，作为重要一份子的翟志刚来到了自己的家乡，但是却因为工作繁忙而没有时间回家，最后还是亲人来齐市才得以和亲人见上一次面。

2008年7月7日，齐市龙江县景星镇发生4.6级地震，翟志强在家里的炕头上感觉到了明显的震感，墙体也因为震感裂了缝隙，这边刚稳下神儿，那边翟志刚第一时间已经把电话打到家里来了，询问情况，"'咋样！厉害不？人没事？房子没事？'他一连串问了一大堆，说话声都有点变了。我赶紧安慰他没事儿、没事儿，别担心！"翟志强说，不论走到哪，家总是翟志刚心底最牵挂的地方。

因工作环境的特殊性，无法向家人解释什么。这其中的痛苦只有亲身经历了才知其中的滋味。长时间的封闭训练，亏欠的又何止是自己的母亲，还有自己的儿子、妻子。令人庆幸的是，翟志刚先大我，后小我的努力，有了今天令人瞩目的成就。

2008年9月24日下午，神舟七号载人航天飞行任务航天员记者见面会在酒泉卫星发射中心的航天员公寓"问天阁"举行，翟志刚被确定为"神七"航天员乘组指令长。当天下午17时30分，执行神舟七号载人航天飞行任务的三位航天员在酒泉卫星发射中心亮相。他们是：翟志刚、刘伯明、景海鹏。他们有着相同的年龄：42岁；他们有着相似的体重，相近的身高，甚至他们的成长背景、兴趣爱好、性格特点都有诸多相似之处。2008年9月25日晚上21：07~22：27，三人携手翱翔天空。

翟志刚入选宇航员队伍已经10多年，两次入选"神五"、"神六"梯队，两次与"飞天"失之交臂。而又是是什么激励着他不断地拼搏呢？

随着"神五"首飞梯队的亮相，几乎所有的人都记住了这位开朗英俊的航天员——翟志刚，浓眉大眼、英俊帅气，而且在当空军飞行员时，他就曾成为《中国空军》杂志的封面"模特"。然而，令人惋惜的是，从"神五"到"神六"，"人气"极高的他两次入选梯队，却两次与飞天失之交臂。

2003 年"神五"飞天前，翟志刚与一起入选首飞梯队的杨利伟、聂海胜，三人一直在酒泉发射中心接受最后的训练和同样的飞行准备。直到飞行前的五小时，上级根据最后临场的心理状态和生理状态，确定由杨利伟担负起"中国第一太空人"的任务。此后，翟志刚和聂海胜曾陪着即将出征的杨利伟在媒体面前亮相，做出征前的汇报。

虽然最终没有与"神舟五号"一起翱翔太空，但是作为备选宇航员，翟志刚、聂海胜两人以愉快的心情地一直将杨利伟送到"神五"舱口、协助其完成最后的升空准备，当所有镜头灯光都对准杨利伟时，翟志刚、杨利伟一直微笑着向人群挥手。"当时为杨利伟捏一把汗，并没有想'他上了，我没能上'。"翟志刚这样回忆当时的感受。

时隔两年，即 2005 年"神舟六号"升空时，始终没有放弃"飞天"的梦想的翟志刚再次准备为祖国的航天事业冲锋陷阵——他又一次站在创造历史的边缘，也再次成为热门人选。令人觉得可惜的是，他再次与"飞天"的机会失之交臂。然而，面对再次的失败，翟志刚却心态非常平和。他说："就是再'备份'一次，也一样光荣。我没有失落感，因为我们的任务是一个长期的任务，它不像体育比赛几分钟之内就进行完。在这个选拔过程中，长期的训练过程就是一个选拔的过程，日常训练的过程也是一个竞争的过程。毕竟这个任务太特殊了。"

也有人问翟志刚："距离那么近，却没有得到，会不会觉得惋惜?"他说:"就是因为太近了,所以跟着一起光荣。"他接着说道。谁执行任务都与自己去执行任务是一样的,"只要我刻苦地投入训练,尽力了,就无怨无悔"。

翟志刚为了自己的梦想,更为了祖国的航天事业,一次又一次地突破自己的极限,黄天不负苦心人。在他的不断努力下,终于在第三次入选载人航天任务梯队后,最终登上飞向太空的"神舟"。"神舟七号"飞船顺利着陆后,翟志刚出舱后发表讲话:"我们顺利的完成了这次载人航天飞行任务,刚刚返回到地面,昨天,中国航天员进行了首次出舱活动,使命光荣,充满挑战,结果圆满,我为祖国感到骄傲!"

2008 年 11 月 7 日,翟志刚同志被中共中央国务院中央军委授予"航天英雄",并由胡锦涛为其颁发"航天功勋奖章"和证书。荣誉得来不易,《孟子》说:"天将降大任于斯人也,必先劳其筋骨,饿其体肤。"也正是前两次的磨练,翟志刚成了中国历史上第一个能在太空行走的人,第一个走的最快的人。从此之后,翟志刚的名字和形象由永远地在他的家长龙江的历史上闪耀,永远在中国人"撼天"的征程中为我们所铭记。

曾经只是国家空军中的一名普通的一级飞行员,曾经入选我国首次载人航天飞行航天员梯队及"神舟六号"航天载人飞行乘组梯队,但以失败而终的翟志刚,却在 2008 年 9 月 27 日,作为中国历史上的第一人,第一次把中国人的足迹留在了茫茫太空,而他也成了中国"飞得最高、走得最快"的人。

翟志刚,在浩渺的深空美景映衬下,手持鲜艳五星红旗,身穿"飞天"舱外航天服,向全球亿万观众轻松挥手……历史凝固了这一瞬间,全世界的人们这一刻把目光集中在一个地方。翟志刚成功了,翟志刚出名了。其实,在这一刻,翟志刚的心情和 13 亿中国同胞的

心情一样，有两个字形容：激动。而他的这一挥手之间，是奋斗了
10 年的结果。

成功来之不易，可以说是一路坎坷，几经周折。发射"神五"
时，他落选了；发射"神六"时，他又落选了，他是 *14* 个宇航员中
唯一一个 *3* 次入选飞天梯队的宇航员。"不抛弃，不放弃"，*2008* 年
的秋天，*42* 岁的翟志刚终于"一飞冲天"，实现了自己渴望已久的
"飞天"梦想。那么，翟志刚为何最终脱颖而出？

成功是有诀窍，而翟志刚成功的诀窍则是刻苦训练、充分准备、
耐心等待。

翟志刚深知："被选定执行飞天任务的宇航员，肯定是优中选
优，首先考虑各方面条件最优者"。因而，*10* 年来，他一直在专心
训练，心无旁骛，不管是否被选中，都毫不松懈地学习理论，掌握
技术，熟悉操作指令，争取最优。

为了适应长时间失重条件下的适应能力，翟志刚在地面进行卧
床，进行 *5* 天的卧床训练，这 *5* 天的卧床训练是完全头不能离床板，
而且床调成负 *6* 度角度，不能枕枕头，进食、饮水、大小便都有专
门人伺候，这 *5* 天应该说能够卧下来，一般人都能卧 *5* 天，但是，
在卧床的这 *5* 天，不只是单纯的卧床而已，还有专门的人士在监视
他的生理数据，掌握他在这 *5* 天内的生理数据，如调节成什么状态，
身体状态是什么样，而这是从医学角度上来考察一个航天员的升天
资格。翟志刚说："总体感觉非常地不舒服，尤其第二天、第三天这
两天最不舒服，躺一天可能还没什么感觉，到了第二天就腰酸背痛
了，到了第三天疼的就有点过了，到了第四天、第五天就进入一种
平台状态了，感觉就不是很明显了。"

从"神五"到"神六"，虽然他两次都与飞天失之交臂，被称
为"航天员总教头"的航天员系统副总设计师黄伟芬这样评价翟志

刚："每次落选都不会把失意写在脸上，但他以后的训练会更刻苦，就像是憋着一股劲。"这样，他的技术越来越高，素质越来越全面，一步一步、坚定不移地走向他的奋斗目标。

在刻苦训练的同时，做好全面充分的精心准备非常必要。其中包括精神意志准备，心理健康准备，身体素质准备，协作意识准备。翟志刚说："在训练的过程中，每一天都有每一天的工作，每一天都有每一天测试的内容，如进行脑血流测试，进行潜听功能测试，进行心理访谈、心理评价，还要进行体能的测试……这些需要你时刻以良好的心态面对，一项不及格都能威胁到入选资格。"

针对这些，每一项，翟志刚都非常认真、一丝不苟。通过一次又一次自我挑战，极限的突破，意志的磨砺，翟志刚终于在第三次入选载人航天任务梯队后，登上了飞向太空的"神舟"，并成为太空行走第一人。航天员系统副总设计师黄伟芬说："翟志刚操作能力突出，心理素质好，尤其是情绪稳定性和危机处理能力很强。"

具备了过硬的技术就充分的准备不一定就能成功，还需要机遇，即要耐心地等待机遇。机遇最垂青有准备的人，就像翟志刚一样，他为了抓住"飞天"这一机遇，足足耐心等待了10年。10年里，他一次又一次地作为候补队员，亲眼目送自己的队友飞向太空，但是，他却能保持一颗平常心，不急不躁，精益求精地训练，孜孜不倦地学习，有条不紊地准备……终于，他盼望已久的机会被他等来了，加上他有了以前的精心准备，轻易地就抓住了得来不易的机会，进而大显身手。前航天英雄杨利伟说："在'神七'出舱任务中，他（翟志刚）的表现堪称完美。如果一定要打分的话，我给他打100分。"

刻苦训练、充分准备以及耐心等待不仅是翟志刚的成功法则，纵观古今中外，凡是获得成功的杰出人物，不论是航天员、科学家、发明家、企业家，还是政治家、军事家、文体明星……他们大都经历这三个基本环节——刻苦训练，充分准备，耐心等待，才脱颖而出，进而一飞冲天。翟志刚在宇航中心的刻苦学习训练，如同苏秦的悬梁刺股，王羲之的笔冢墨池，奠定了知识、技术，成了成功的保障；翟志刚事无巨细地充分准备，如同诸葛亮在卧龙岗的眼观六路、耳听八方，游泳名将菲尔普斯从水里到岸上，使身心得到了全面的打磨，进而使成功者素质超众，胜券在握；翟志刚耐心等待，如同楚庄王的"三年不鸣，一鸣惊人"，勾践的"十年生聚，十年教训"，磨练了意志，积蓄了能量，待时机成熟，便可"好风凭借力，送我上青云"，更如猛虎下山，蛟龙入海，轰轰烈烈，有声有色，走向成功，走向辉煌。

10. 英姿飒爽的翱翔高手景海鹏

2008年9月20日，人们水泄不通地聚集在山西运城市的一个普通小乡村杨家卓村，因为村头村尾到处传着喜讯——老景家的大小子马上就乘着"神七"飞天了。而"大小子"则是"神七"三名航天员之一的景海鹏。

景海鹏兄妹三人的学费是依靠父亲景靠喜编笤帚"编"出来的。由于长时间超负荷的工作，父亲的腰越来越弓。

在杨家卓村，景家是屈指可数的外姓户，位于村子西头的第一条巷子。也许是巧合的缘故，在即将飞天的景海鹏老家的红色大门上方，刻着一块石匾，而石匾上却用行书清晰地写着"凌云"二字。

在景家的院子里，一共有三排房子。东侧是三间破旧的土坯平房，西侧是两间极其普通的砖土房，紧挨着大门的北侧则是两间独立的砖瓦房，而景海鹏曾住在一间土坯平房中。对此，其弟弟景海龙这样回忆到：过去家里的物质条件并不富裕，仅仅只有东侧的三间土坯平房，当自己结婚的时候，才盖起西侧的两间砖土房，为自己做新房用。当景海鹏结婚的时候，父亲又亲自动手盖起北侧的两间砖瓦房，作为哥哥回家时的新房。

他的父亲景靠喜既是一位话语不多的老人，又是当地的秀才。"父亲的腰完全是累弯的。"每当忆起小时候的事情，刹那间，景海鹏就会禁不住有些呜咽。景靠喜的手比较巧，既会编笤帚，又能编扫把。每当秋季高粱成熟的时候，他便会拉着平板车，不远千里地前往别的乡镇拉一些高粱穗回家，一来一回便是一天一夜。回到家中，他就急急忙忙地坐在西屋的小房间中猫着腰扎笤帚，一扎就是一个通宵。

"一个笤帚的成本不到一毛钱吧，拉到市里就能卖三四毛钱。"景靠喜每天能够编制十余个，每当凑够 100 个，他就到城里大街小巷地喊卖。然而，他辛辛苦苦挣来的钱，自己却舍不得花一分一厘。每当笤帚卖不掉的时候，一天之内，他便舍不得吃一顿饭。景海鹏的表哥杨海泉曾这样说道："我舅和舅妈把所有的收入都供孩子上学了。"

由于体恤父亲的辛苦与不易，景海鹏在学习方面尤为刻苦。同村的杨忠莲老人曾是景海鹏小学时期的老师，对于小海鹏的学习状况，她总是这样称赞道："海鹏是一个好用功的娃，从小就是副班长，一看就知道将来定有出息。"母亲王珍珍也说道："一旦回到家中，海鹏就翻开课本，让他干点啥，他总是利利索索地干完之后就回去看书，不像他的弟弟那样整天只知道在外面玩。"

在初中升高中的考试中，景海鹏果然不负众望、如愿以偿地考上了山西省的一所重点中学——解州中学。

虽然已考入重点高中，但父母却不愿意使其到解州中学读书。原因十分简单，解州中学距离他家约有 70 里，倘若景海鹏到解州中学学习，无疑就要住校，而以景家的条件，无论如何也负担不起他在学校的一切伙食费用；倘若他在离家较近的安邑中学就读，景海鹏每天不但不需任何伙食费用，反而还可自带饭菜。

景海鹏时常这样说道："我的骨子里有一股倔强，认准的事情就非做不可。"在报到的那天，父母均前往地里干活，而他却二话不说，独自背起行李，步行 70 多里地来到解州中学。跨进解州中学的门槛之后，懂事的景海鹏从未向家里要过一分钱的伙食费。在三年的学习生涯中，他的伙食均是自带的馒头、咸菜加学校的热水。

卫领超老师曾是教过景海鹏三年的化学老师，他曾这样说道："虽然景海鹏来自农村，化学基础较为薄弱，但进入解州中学以后，每次上化学课，他都十分重视，上课时从没有见其开过小差。即使在晚自习时期，他也总要把教材与作业中不清楚的地方逐一弄懂。"在高中时期，景海鹏每年均可获得学校为优秀学生设立的奖学金。

在解州中学读高三的时候，景海鹏毅然报考了飞行员。在不经意的一天，正在紧张备战高考的景海鹏从同学那里得知，保定航校要进城招一批飞行员。景海鹏立刻向班主任请假，说自己要去参加体检报考空军飞行员。对此，班主任坚决不同意，毕竟一直以来，景海鹏的成绩总是名列前茅，完全可以在高考中考取重点大学，因此，她再三对其叮嘱不准去，专心致志地备战高考。

然而，景海鹏又一次"倔强"起来。第二天一大早，他便与班上的其他同学相伴前往参加体检，而整个过程班主任却全然不知，家里人也皆不知晓。后来，又经过几次严格选拔，景海鹏终于成为当年仅有的三名合格者之一。

每当忆起它的时候，母亲王珍珍就会说道："那天我和他爸爸正在棉花地里干农活，突然看到一个带黑墨镜的人朝我们招手，自己好不容易才认出是海鹏，心里还不断地埋怨，他不好好在学校学习，带个墨镜回家干什么……"后来，当景海鹏跑到地里将自己被录取为飞行员的消息告知其父母后，他们顿时才恍然大悟到：那副黑墨镜是其参加完体检最后一项散瞳后，医院为保护体检者的视力而发给他们的。

"在此以前，我们一点也不知道他报考的事情。"他的父亲一高兴，便扛着锄头说道："走，回家去。"这时，母亲王珍珍也由衷地说道："海鹏成为飞行员后，我的心里真是高兴。"

俗话说："穷人的孩子早当家。"对于景海鹏来说，其窘迫的家庭环境，却在无形中赋予着他特殊的成长经历，正所谓："艰难困苦，玉汝于成。"苦难的经历不仅磨砺出他超强的韧性，还铸就出他不断攀高的源动力。

在兄妹三人中，景海鹏是家中的老大。虽然他性格内向，不太爱说话，但自幼便喜欢体育，特别喜爱打篮球。由于个子不高，老师均称其不能作为主力。然而，景海鹏却是一个毫不服输的人，他利用一切可以利用的机会上场比赛。最终，这个起初"做冷板子"的小伙子，无论是在中学时期，还是在以后的部队中，均是一名篮球主力队员。直至现在，他依然还是航天员中的篮球"钢铁前锋"。

曾在读高中的时候，景海鹏代表所在的解州中学前往安邑中学打篮球比赛，在安邑中学的宣传栏中，他平生首次看到飞行员的照片。

对于景海鹏来说，或许它似乎是命中注定的相遇。一时间，他的视线不愿从照片中移开。回到家中的时候，他兴高采烈地向父亲比划着：飞行员的头盔是这样的，护镜是那样的……与此同时，他还向父亲说道："我十分喜欢飞行员的那身服装，看起来十分威武。等我长大的时候，一定要当一名飞行员。"

1984年，空军前往运程招考飞行员，虽然景海鹏毫不犹豫地报了名，但由于身体原因，他却不幸落选。曾在那时，由于学习时间过长，劳累过度，他的眼睛中呈现着一些血丝，因此便没有验上。然而，这次落选对景海鹏却是一个巨大的打击。当时的他连家门都不肯迈出一步，且自以为"没脸见人"。但更大的打击却接踵而至——父亲打算使其辍学。随后，村里的电工到他的家中串门，望到此种情形，便劝其父再让儿子读一年，并让景海鹏在父母面前当即表态。景海鹏信誓旦旦地说道："如果我再考不上飞行员，就不活了。"

就这样，景海鹏前往解州中学进行补习。进入解州中学以后，他倍加努力地学习，每天清晨，最早进教室的是他；每天晚上，最晚离开教室的也是他，并连续几个星期不回家。除此之外，他尤为注意身体，并成功地考上了河北省的保定航校。

一份耕耘，一份收获，功夫不负有心人。从立志的那天开始，景海鹏便朝着自己的目标毫不气馁，不断努力，从而在某种程度上，赢得了一定的成功。

1991年6月，景海鹏被分配至南空驻无锡机场某部。而当其从航校毕业后，来到连云港的训练基地，便与许骥结识。当时，担任副大队长与教员的许骥，就对景海鹏这个来自山西的小伙子印象尤为深刻："他干什么事情，都特别认真。"

1991年3月，许骥被调入南空驻无锡机场某个部门；3个月后，景海鹏也被分配至这里，并成为一名空军飞行员。在接下来的六七年时间中，这对师徒便同在无锡这片蓝天之下。许骥相继担任副大队长、队长，而景海鹏也凭借自己的出色表现，在短短的几年后被任命为领航主营。

许骥这样说道："海鹏比较好强，不服输。在同批飞行员中，每一个人的素质都比较高。然而，景海鹏却是最刻苦钻研的。每次带他们飞行的时候，教员们总要在着落后讲一些训练之中的问题，海鹏对此尤为重视。不仅认真去听，还会不时地翻阅诸多资料，做一些理论方面的研究，并加以验证。"

从某种程度而言，刻苦钻研与飞行技术是成正比的。有一次，团里在太湖上方进行空靶实弹射击训练，前面一架飞机拖着长长的靶子起飞后，后面的两架飞机便紧接着起飞，全程保持目视联系，一直紧跟这架飞机，直至进入射击空域后，跟在其后的第一架飞机才开始瞄准攻击；而完成任务后，第二架飞机再开始发出攻击……这是全团第一次组织如此之高难度的科目训练，但景海鹏驾驶的飞机，射击成绩却总是全团最好的。

还有一次不大不小的惊险，不仅使许骥记忆犹新，还使其对景海鹏的飞行技术大加赞赏。曾在那次，他成功地处置了训练中所出现的一个紧急状况。

当时，天气比较炎热，景海鹏与其战友正在空中进行飞行训练，而许骥则在飞行员休息室，透过明亮的玻璃便可看到机场跑道上的具体情况。轮到景海鹏的飞机降落时，意想不到的状况却在猛然间出现。许骥曾这样对其描述道："他一着落，我们就发现机头向下耸立着，便当即判断到，肯定是前轮有问题。此种情况是十分危险的，如果飞行员方向保持不好，飞机偏离跑道的话，将比较容易倾覆出去……"果不其然，由于地面温度过高，跑道上有一些小石块，当飞机降落的时候，轮子的冲击力非常大，一旦触碰到石块，就会立即爆掉。望着眼前的一切，许骥颇为着急。然而，很快地他就发现，景海鹏机智地采取了一系列的紧急处理：保持方向，放减速板，关掉其中的一台发动机，放减速伞……这些均是在最短的时间内处理完毕的，就这样，一个不大不小的惊险便被成功化解。

在飞机停稳后，大家急忙跑向前去帮助景海鹏把飞机拖回来，只见他镇定自若地走出机舱，有条不紊地向团里的领导阐述自己当时的处理方式，并与战友一起对跑道路面进行细心的调查。

景海鹏不但热爱着自己的飞行事业，而且还为此而始终不渝地坚持奋斗，面对枯燥而又严酷的训练，他拥有着常人无法想象的坚韧。正是由于具有这种独具一格的毅力，才使他在此后的岁月里越飞越高，不仅飞上了蓝天，还飞上了"天外之天"。

对于景海鹏而言，其小时候最大的爱好就是打篮球。一直以来，从中学到部队，从飞行员到航天队伍中的一员，1.72米的景海鹏既是主力队员，又被人们称为"钢铁前锋"。然而，你可曾知道，景海鹏之所以能够成为"灌篮高手"，也是源于其永不服输的个性。

父亲景靠喜曾这样说道："在上小学的时候，小海鹏突然迷上了打篮球。然而，由于个子较矮，他只能坐'冷板凳'，当时，在家里的土墙上、房门上，小海鹏均画着一个个篮筐。每天做完功课，他便一个人闷声地练习投篮，尤其是远投，天天如此……"

在小学二年级的时候，景海鹏整日与高年级的同学打球，由于个头小，时常投不进球，他便老喜欢与别人抢球；在小学三年级的时候，个头稍微高一些的时候，体育老师专门将学校里用旧的篮球送给他玩，他就在院子的墙中画上一个圈，模拟篮球架……就这样，景海鹏凭借自己精湛的投篮技术，连续成为小学校队、中学校队的主力。

后来，到达部队的时候，他打起球来更是得心应手，满场飞奔。与此同时，在战友之中，景海鹏的号召力与组织能力较为突出。在训练基地，他是一名区队长，即相当于班长，到达无锡机场后，虽然没有设定这个职务，但大家还是不约而同地"认"他作其领导：由他招呼一起打球，在他的号召下，一群人在最短的时间内便聚到一起，每当教员下达飞行员独自完成一些科目时，也总是先把任务交给他，然后再分配下去……

许骥时常这样对其加以夸奖道："景海鹏不但在驾机飞行方面也是一位高手，而且在篮球方面也是一把好手。"在他们那批飞行员中，景海鹏的球技水平总是数一数二。团里不仅规定每天进行一个半小时的体育锻炼，譬如，篮球，长跑等，还必须进行一些针对飞行员的特定项目，比如，悬梯滚轮等。但在诸多运动项目中，他们均比较喜欢打篮球，而在每次打球的时候，均邀请景海鹏参加，毕竟在 14 名飞行员中，他是最为突出的一个。

在不断打篮球的过程中，景海鹏不仅锻炼了自己的体魄，还在无形中明白这样一个道理："只要自己努力，我绝不比任何人差。"

2005 年，景海鹏在老家聚餐。面对父母、战友、乡亲，一向不喜欢饮酒的他端起酒杯说道："忠孝不能两全，这么多年帮我照顾老父母，谢谢你们。"

在亲人与朋友的心目中，景海鹏是一个永远追求上进的人。初到部队的时候，他面对着前所未有的一大难题——不会游泳，而一个空军飞行学员若不会游泳，则只能选择退出。面对有些人可能一辈子也学不会的游泳，景海鹏却只用了一个星期，由一点也不会游泳到考核勉强及格，由考核勉强及格再到成绩优秀。他的一个朋友这样说道："要是我们一般人，能勉强及格过关就可以，但他不行，非要达到优秀才满意。"正是由于优秀的游泳成绩，景海鹏才成为一个中队 125 名飞行员中唯一一个受到嘉奖的人。

当上飞行员之后，他先后在保定、临汾、运城、无锡等地工作。1997 年，在结婚后的第四年，景海鹏与爱人拥有了其爱情的结晶。

由于工作繁忙的缘故，景靠喜、王珍珍便带着一岁多的孙女，即景海龙的女儿，前往无锡照顾自己的儿媳妇与可爱的小孙子。每当回忆起那段日子，景靠喜就会说道："孩子有了，工作也稳定了，日子过得还算不错。景海鹏一下班回到家中，吃完饭后，要么看一会儿电视，要么看书学英语。每逢周末，我和她妈还特意到超市购买一些排骨，以为他们改善生活。"

曾在当时，景靠喜老人并不知道，在 1996 年国家首次选拔航天员的时候，事业已经有所突破、家庭较为幸福的景海鹏又报名参加选拔。

当孩子尚在襁褓的时候，景海鹏喜出望外地接到通知，他被录取为国家首批航天员。这个消息打破了短暂的天伦之乐，就这样，景海鹏夫妇依照命令前往北京，而景靠喜两口返回至杨家卓村。

成为航天员后的景海鹏，回家的次数更是屈指可数，平时只用电话或通过短信息与家里保持联系。景海龙时常说道："村里 70 年代以后出生的人仅仅知道有景海鹏这么一个人，却基本上不知道我哥长什么样子。"

2005 年，神舟六号发射成功后，景海鹏带着妻子再次回到杨家卓村。他挨家挨户地看望村里的老人、亲戚与师友。与此同时，景海鹏不仅极少在别人面前提及工作方面的事情，还很少向别人提及自己是一名航天员。有一次，弟弟景海龙向他问起关于航天员的事情，他却一本正经地回答道："关于工作方面的事情，能告诉你的，即使你不问，我也会告诉你；不能告诉你的，即使你问了，我也不会告诉你。"刹那间，这句严肃的话语，把景海龙吓得急忙岔开话题。

父母的年纪愈来愈大，身体也不如过去。每当景海鹏与弟弟妹妹联系时，谈话的重点总是二老的身体状况。"哥哥每次给我发短信时，总是询问爸爸妈妈的身体，还让我和妹妹多多照顾二老。"与此同时，景海龙还能明显觉察到，哥哥景海鹏为自己不能在身边孝敬双亲而深感内疚。

景海鹏积极进取，不断追求，为了实现自己的航天之梦，他敢于与困难作斗争，严格要求自己，最终被选拔为国家首批航天员。

11. 忠诚的津门卫士王俊刚

王俊刚，1970 年 6 月出生于山东省淄博市高青县木李镇。1989年 3 月，他应征入伍，成为了一名正式的军人。

2000 年间，有一个以湖南籍姚上屏、李智田为首的 8 人抢劫犯罪团伙一直在蓟县作恶不断。为此，王俊刚和战友们准备与犯罪分子展开搏斗。终于，在 12 月 26 日晚上 9 点钟，正当犯罪分子们在蓟县城西关租住的平房里为连续几天打劫的收获举杯"庆功"时，王俊刚带领几名武警战士破门而入。为首的犯罪分子见状，就拼命反抗，拿起匕首朝着王俊刚身上乱打乱刺。就在这时，王俊刚身子一闪，拉住此人的胳膊，将其别到背后，一下子就将人摁倒在了地上。另有一个犯罪分子看到这样的情景，就连忙拿起一块砖头，猛地朝王俊刚头上砸去，王俊刚急中生智，一个侧踹把他踢出了两米多远。最终，经过一场殊死搏斗，8 名犯罪分子全部束手就擒。

为了使这次抓捕行动顺利进行，王俊刚带领战士们在刺骨的寒风中潜伏了整整 3 个小时。

盘山腹地风景秀丽，自古就是皇家的园林墓地。从 2001 年 11月起，在不到两个月的时间里，有一伙盗墓贼凭借极其专业的盗墓技术和狡猾的作案手段，先后4次在蓟县官庄镇东后峪墓葬群盗掘明末清初古墓8座和大量的珍贵文物，一时间，这一案情惊动了整个天津城。接到报案后，蓟县警方专案组迅速出击，擒获了11个涉案人员，追回了所盗的18件文物，但却使主要犯罪嫌疑人田某成了落网之鱼，导致案件一时进展缓慢。

当中队接到报案后，王俊刚不由分说，第一个跳上了警车。按照警方制定的抓捕方案，王俊刚和其他4名干警悄悄潜伏在了田某住的小院门口，准备从正门强行进入。听到门外的敲门声，原本想早早睡觉的田某如惊弓之鸟，一下子从被窝里跳了起来，想要从小院溜出，不料却被王俊刚逮了个正着。王俊刚大喊道："站住，不许动。"随后，一双大手紧紧抓住了田某，使他无法动弹。就这样，这个无法无天、多次逃脱的盗墓团伙头子成了王俊刚的战利品。

迎着歹徒凶恶的棍棒和寒光闪闪的利刃，王俊刚无所畏惧，总是第一个冲进犯罪现场，折断挥舞的棍棒，夺下刺来的利刃，将平日练就的过硬的擒敌技术发挥得淋漓尽致，他用勇猛无畏谱写了一个武警战士的壮美篇章。

1999年初，王俊刚从一个农场司务长调任蓟县中队长时，上级领导耐心地嘱咐他说："一定要把兵带好，把中队建成维护社会治安的'尖刀'。"也就是从那时开始，王俊刚心里有了很大的决心：决不让部队领导失望，决不让蓟县人民失望。

打铁还要自身硬。王俊刚清楚地知道，要想带好兵，做比说更加重要。以往干惯了后勤工作的王俊刚明显地感觉到了自身的差距，因而就开始了顽强的训练。任中队长的前三个月，不管早晚还是节假日，但凡是可以利用的时间，王俊刚几乎都是在训练场上度过的。每次中队进行五公里越野，王俊刚也会有意识地加重运动负荷：一人背三支枪，腿上还绑着沙袋。摔倒功的时候，有些战士怕苦怕痛，王俊刚就会主动充当配手，乐此不疲。在一次训练中，王俊刚的右胳膊脱臼，又肿又胀，疼痛难忍，医生就命令他休息一周，但一想到自己的职责和中队担负的繁重的执勤任务，王俊刚便背着医生，一个人悄悄地来到了训练场。

功夫不负有心人，终于，半年下来，王俊刚从体能到技能，都有着很明显的提高。他的射击、队列、擒敌技术和"四会"成绩全都达到优秀，器械训练由原来只能完成单杠三练习到能完成单双杠的全部规定工作，就连五公里越野也由原来的 33 分钟提高到了 21 分钟。慢慢地，在王俊刚的带领之下，中队战士们的军事素质也有了质的飞跃。除了高质量地完成看守所的任务之外，他们还按照上级的要求和蓟县的社会治安特点，严格训练出了一支能坚持打硬仗的全天候防暴小分队，每个队员都有一手绝活。当地政府称赞武警中队是一支拉得出、冲得上、打得赢的过硬部队。

为了带好战士，不让领导失望，不让蓟县人民失望，王俊刚从自身做起，严格要求自己，不怕吃苦，最终取得了令人欣喜的成绩，这一切也都是他奋斗努力的结果。

在外人看来，王俊刚话语不多，长着一副铁面孔，而了解他的人却说："王俊刚是个有浓浓人情味的人。"

平日，王俊刚早起晚睡，常常会给战士们盖好被子，把蚊帐弄好，有时甚至还替战士上哨。对此，他总是说："战士们都不容易，干部不去关心谁去关心。"每次中队下任务，王俊刚都想得很周密，从人员配置到携带的武器装具，他都会认真检查，生怕因自己的一时疏忽而造成一些不应有的伤亡。在奉命执行一次抓捕任务时，由于中队的防弹背心比较少，王俊刚就总是让给战士们穿。几乎每一场战斗，都是他第一个冲进去面对危情，最后一个押着犯罪嫌疑人走出现场。

战士小张的父亲右腿曾被人打成骨折，小张几次想要私自离开部队回家报仇，但都被及时制止，并且还受到了严厉的批评。从此，他的情绪一落千丈，思想包袱也越来越沉重。看到这样的情景，王俊刚就主动发动骨干主动亲近、体贴小张。小张生病时，王俊刚就亲自给他请医送药；情绪不好时，王俊刚就与他谈天说地，谈人生意义，谈理想前途。当王俊刚又了解到小张家境比较困难时，就带头为他捐款，并把钱寄到了小张的家里。为更好地解决小张家庭的问题，王俊刚多次给当地有关单位写信，最终使事情很快得到了解决。慢慢地，小张像换了一个人，工作非常积极，年终还被评为了"先进个人"，受到了嘉奖。

除此之外，王俊刚还把中队战士休假的事情安排得有条不紊。一次，全中队 12 名战士都按时休足了假。王俊刚说："休假权、休息权是条令明确规定的，且不说爱不爱兵，带兵人总该带头贯彻条令吧。"中队战士们也都说："咱中队长爱兵爱在情上，爱在心间。"

农民出身的王俊刚，深知农民的日子过得不容易。于是，到中队任队长后，他向附近的百姓们公布了中队的电话号码。每逢春种秋收，他就组织战士们深入到乡村，帮助农民整地、播种、收割，却从不吃农民一口饭。另外，他还组织战士与县城周围 3 个村庄和 6 户贫困农民结成扶贫对子，使他们的生活有了很大改观。

对战士像兄长，对百姓似亲人，而对自己的家人，王俊刚心里却感到特别愧疚，他说："自古忠孝难两全。"2000 年 5 月，王俊刚的父亲在盖房子拉石料的时候，不幸被车轧成重伤。作为家中惟一的儿子，王俊刚本应全心照顾父亲。然而，当时中队正在执行特殊任务，在这紧要关头，作为队长的王俊刚始终都没向组织开口提此事。他将痛苦和思念深深地埋在了心底，随后，王俊刚给家里寄去了 1000 元钱，马上又投入到了工作中。不久之后，王俊刚的妻子患了股骨头坏死。听到这突如其来的消息后，王俊刚一下子惊呆了，但又一想：中队正在迎接军事训练考核，自己怎么向组织开口呢？当时，他心情极其痛苦，便给妻子写信进行安慰，抽空寻医问药，无声地表达着对亲人的那份爱，但训练迎考，他一天也没耽误。

对战士，王俊刚就像兄长一样无微不至；对农民，他又像亲人一样，时刻关怀着；而对于亲人，他深感愧疚，却始终无声地表达着心中的那份爱。王俊刚就是这样，普普通通，却做出了不平凡的事。

如今，每提起中队长当陪练的事情，作为中队的训练尖子，姜哲就愧疚地说："当时真的不知道中队长右臂已经脱臼，不然，我怎么能忍心？"

中队有一名叫姜哲的战士，他是从机关调来的。一直以来，令姜哲最头痛的事情就是练习擒敌技术。擒敌训练中有14个动作需要别人陪练，其中，挟颈别肘、抱臂踹肋等动作还需要将陪练人员从训练者头顶、肩部摔到地上。由于姜哲尚未掌握动作要领，因而其他战士都不愿给他当陪练，这让他很是苦恼。一天，在训练时，王俊刚主动走过来给他当陪练，不料，几个"扛摔"过后，王俊刚的右臂被摔脱臼，但他依然咬紧牙关，让姜哲继续练习，并一个劲地说道："连我都摔不倒，你还能制服罪犯吗？狠一点，再狠一点。"一场训练下来，王俊刚的身上被摔得青一块紫一块，但令人欣喜的是，姜哲在这次训练中找到了感觉，一年之后，就成为了中队的训练尖子。

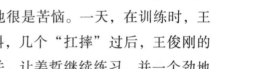

中队指导员王政说："3年间，全中队大部分擒敌训练都是中队长当的陪练。有一年，支队评选训练标兵，蓟县中队一下子评上了4名，他们说：'我们的成绩都是中队长陪练出来的'。"

王俊刚常说："当陪练就是吃苦头，特别是给没有掌握动作要领的人当陪练，免不了被摔坏。"

擒敌训练中，王俊刚总是不厌其烦地给战士们当陪练，即便是摔伤，他仍然坚持下去，这种崇高的品质让人无不为之敬佩。

在盘山脚下的武警天津总队蓟县中队警用器材室，有一件防弹背心，纽扣的背面是战士魏志义画的一个"心"型图案，魏志义只是想让所有战士们都知道，这背心里凝聚着中队长王俊刚浓浓的爱兵情。

1999年12月，经过蓟县公安部门缜密的勘察，有一伙来自北京、上海、广东等地的赌徒将在12月30日那天，在天津新建的旅游景点太平寨举行一次"新世纪百家乐"大赌局，并持有枪支、刀具等凶器。为将这群不法分子一网打尽，上级领导令中队派出一些战士协助公安机关行动，就这样，武警战士们在太平寨打响了一场正义与邪恶之战。

12月30日这天，战士们将现场包围以后，指挥部决定由王俊刚带领应急小分队的几名战士执行抓捕任务，很快，发现缺了一件防弹衣，于是，王俊刚就毫不犹豫地将穿在自己身上的防弹衣脱给了战士魏志义。魏志义不肯穿，又推给了王俊刚，王俊刚命令道："我比你有经验，快穿上。"魏志义只好听从命令，迅速穿上了防弹衣。

随后，王俊刚带领12名战士悄悄地向太平寨靠拢。到了赌场，王俊刚一脚踹开了紧闭的、厚厚的大门，大声吼道："别动。"看到武警突然出现，赌徒们一时慌了手脚，有些人想要趁机逃跑，有些则想要趁机销毁"筹码箱"等一些重要证据。在这混乱的情景下，王俊刚果断地鸣枪示警："全部趴下，谁也不许动。"这时，有一名离王俊刚比较近的赌徒，刚想反抗，就被王俊刚一枪打倒在地。然后，又有几名亡命徒突然掏出了匕首，向王俊刚刺来，王俊刚毫无畏惧，左挡右击，当场制服了3名赌徒。接着，一直在外的武警战士们从不同的方向冲进了赌场，与赶来的公安干警一起抓获了 30 多名犯罪嫌疑人，收缴赌资 18 万余元，另外还扣押了 3 辆小轿车和一些赌具、凶器。

后经审查，这伙人先后在不同地方，多次聚众豪赌，涉嫌赌资 2000 多万元，是天津市所破获的建国以来最大的带有黑社会性质的赌博团伙。

后来，提起王俊刚，中队战士们就说："在数十次围歼、围捕、解救人质的战斗中，王俊刚总是把危险留给自己，把安全让给战士。"

在危险面前，王俊刚总是不顾自己安危，时刻想着身边的战友们，他也总是第一个冲出去，与歹徒搏斗，他的这种行为正体现了一个共产党员、一名武警战士的无私精神。

12. 三军仪仗队的"首席执行官"李本涛

10 年前，英俊而又"鹤立鸡群"的李本涛被前来接兵的仪仗队干部一眼相中，从此之后，他心中的绿色梦如愿以偿。如今，李本涛已经是执行队长，走在仪仗队的最前列，他手持着仪仗指挥刀，一次次和着铿锵有力的步伐，伴随着国家领导人和外国元首走过红地毯。

1989 年，身高 1.88 米的李本涛从山东曹县入伍，凭借自己的刻苦努力，在新兵时就迅速脱颖而出，成为优秀班长，并考入了石家庄陆军学院。毕业后便被以"中国第一兵"著称的仪仗队大队长程志强选中，作为执行队长培养。为了不负人民厚望，为了向世界充分展示中国军人的神圣风采,李本涛下尽了苦功夫。

为了练就一身过硬的军事本领,他在身上绑沙袋,在腿上别木棍,训练间隙依然在操场上练习动作;

做仪仗队队长首先要练习喊口令。作为场上指挥,喊口令的任务也很重要,令发好了,听准了,动作就更协调一致。为了发出准确、响亮的口令,他在实行了"三戒"——戒烟、戒酒、戒茶的同时,天天喊口令、练嗓子。即使到了晚上睡觉的时候也在想着练口令的事,这时,为了不影响别人,他就自己捂着被子喊。如今,认识李本涛的人都知道,"李队长喊口令,几里地外都能听到。"听过李本涛喊口令的人都知道,有"铁嗓子"之称的他,喊出的口令不仅嗓音洪亮、雄厚,而且,其长短极为巧妙地搭配了战士的心理。

做仪仗队长,动作优美关键之极。为了追求"人与刀与口令的和谐",他给自己制定了硬性指标——每天完成军刀系列动作上百次:"拔刀、立刀、持刀、撇刀、刀入鞘"。手掌磨破了,胳膊肌肉也红肿起来,手背和虎口留下无数伤疤,但一颗执著的心却没有一丝的后悔。在所有的练习中,难度最大的是练习刀入鞘动作。今天人们每当看到李本涛的绝活——不看刀鞘口,眼视正前方,便能将指挥刀潇洒自如地插入刀鞘,都会情不自禁地叫好。其实,你可曾知道,他为此付出了多大的努力与艰辛?起初,他很难准确感觉刀与鞘的位置,右手紧握的军刀,迅速插下去的结果往往是刺偏,手不知被军刀扎过多少回。最严重的一次是军刀从手背的皮下穿过,直到现在,这里还有很大的一块疤痕。一刀见血的伤痛令李本涛心有余悸,但他在血水和汗水中没有放弃,终于,血与泪的代价换回了刀与鞘神奇的结合,国内外的同行对他的绝活叹服不已。

功夫不负有心人。李本涛终于以良好的军人形象,洒脱、庄重的仪仗动作和一流的指挥口令,接过了仪仗指挥刀,成为仪仗队有史以来最年轻的执行队长，一次次接受外宾的检阅。有一次，加蓬国家总统来访，看到仪仗队的精彩表演，听到李本涛掷地有声的口令，径直走下检阅台，握着李本涛的手连声称赞道："太好了，太好了！中国仪仗兵绝对一流。"

江泽民主席说："国威军威看仪仗"。每一个独立的国家都有自己的仪仗队，仪仗象征着本国的尊严和对他国的友谊、亲善。156 双军靴有力地敲击着大地，156 把钢枪显示着金毅和威严，在中国建国 50 周年国庆大阅兵仪式上，中国的三军仪仗队高举八一军旗走向中心受阅区的时候，所有的观众无一不为之惊叹。

特殊的任务决定了仪仗队的特殊的训练方式，作为仪仗队的"首席执行官"、仪仗队的执行长，李本涛的责任是重大的、任务是艰巨的。每天，无论是烈日炎炎温度高达 40 摄氏度，还是冰天雪地气温低于 20 摄氏度，在训练场上，你都可见李本涛带领着三军仪仗队的队员们在毅然而然地做着每天重复无数遍的军姿，正步，齐步，扛枪……

李本涛和仪仗队员的衣服都塌湿了，脖子都挺直了，腰都僵硬了……但是，他们就是凭着这种无坚不摧的坚强意志坚持着，拼搏着……李本涛，作为中国三军仪仗队的指挥的他说了这样一句话："战士们确实很累，但是我们每个动作都代表着中国的形象，民族的尊严，代表着中国的国威军威。"停顿了一下，他接着说道："记得小时候父亲教育我说：'一个没有组织没有纪律的团体，它是不会在任何领域取得任何成绩的。'看到中国三军仪仗队威武的雄姿，再想想他们平日艰苦的训练，我越来越觉得父亲的这句话是对的。"

2008 年，奥运会要在中国举行，全世界的人聚集在中国。而国旗代表着中国的形象，代表着中华民族的尊严。当中国的五星红旗飘扬在世界的上空的时候，每一个华夏子孙看到了自己的那个家，中国的五星红旗让全世界的人知道了东方有一条巨龙正在腾飞。此时，身为三军仪仗队的"首席执行官"李本涛，又成了国旗护卫队的队长，负责每周一次正式的升国旗仪式。"当看到我们的五星红旗迎风飘扬的时候，我很骄傲，很自豪，内心是无比的满足和欢快，真的。"李本涛说，在国旗班时，其训练虽说比不上三军仪仗队的艰苦，但是也可以说是磨练了，在这个由 24 名队员组成的方队中每一名队员都是很优秀的，为了训练他们，李本涛放弃了自己所有的休息时间。

有一次，李本涛刚换上皮鞋，正打算和以前的同事好好地享受一次晚餐时，却发现一名队员的脚被皮鞋的钢板硌出了鲜血，凭着经验，他知道这位队员是在凭着坚强的意志继续训练……"像这样的事在我们护卫队里很常见。今天我想说每一个队员都是好样的，他们付出了艰辛的努力和汗水，原因很简单，因为我们执行着一项特殊的使命。"

一次又一次被委任为场上执行官的李本涛，肩负着党和军队的信任以及历史的责任，而这也是他一定要出色完成任务的巨大动力。尽管参与了几百次司礼任务，然而，作为一个仪仗队执行官，李本涛面对每一次任务都是极其认真，都是付出了许多的刻苦训练，光每天完成军刀的系列动作也得上百次。也就是说，我们看到了他那优美的动作与动听的口令，那只不过是一个辉煌的瞬间。

"总统阁下，中国人民解放军仪仗队列队完毕，请您检阅。"

庄严的人民大会堂东门外广场上，彩旗猎猎，礼炮轰鸣，那高亢响亮的报告声，在广场上空回荡。李本涛，这位三军仪仗队中最年轻的执行队长，手持仪仗指挥刀，和着铿锵有力的军乐，伴随着国家领导人和外国元首一次次走过红地毯。

21 岁时，担任执行队长的李本涛开始迎接外国元首，无论从时

间、年龄和首次执行任务的重大程度上来讲，这在仪仗队的历史上都前所未有。回忆起自己执行的 500 多次任务，李本涛颇为感慨地说："我身处在特殊的岗位，肩负神圣的使命和责任，我所取得的荣誉，离不开党和军队的培养。"

1997 年 7 月 1 日凌晨，这是一个辉煌的历史瞬间，这更是一个民族骄傲的日子。在那一刻，世界上无数双眼睛都转向东方，聚焦在宽敞明亮的香港国际会展中心——这里正在举世瞩目的中英政府香港主权交接仪式，而担任指挥陆海空三军仪仗队任务的正是刚满 24 岁的李本涛。当时，两个国家的三军仪仗队同时出现，在世界仪仗史上极为罕见，在我国仪仗队的历史上从未有过。两国仪仗队的表现实际上就是在全世界的注视下进行全方位的"国际大会操"，这是一场心照不宣的较量。

当时针指向零时零分零秒，"敬礼！"随着李本涛的这一声撼天动地的口令，中国三军仪仗队举枪凝视，高亢的中华人民共和国国歌奏响，鲜艳的五星红旗徐徐升起，中华人民共和国香港特别行政区区旗同时徐徐升起……李本涛以完美无缺的口令和动作，指挥三军仪仗队以高昂的士气、威武的阵容圆满完成任务，展示了国威军威和军人风采。

交接仪式后，江泽民主席夸赞："任务完成的好！"外交部长唐家璇激动却不无风趣地说："李本涛的口令不愧是中国第一，赛过当阳桥上张飞那一嗓子。"

其实，可曾想过，在这些荣誉的背后，李本涛付出了多少。为了能在香港交接仪式上有一个完美的表现，李本涛在领受赴港参加交接仪式任务后，除了些许的激动，他更加清楚自己肩负的重任。他首先给自己制定了训练计划，进行了任务前的强化训练。那时，为了使自己口令完美，他加班加点，嗓子练哑了，痰里带着血丝，喝点水、吃几片润喉片继续练习；为了使自己的举刀动作更准确、大方，他每天坚持拔刀上千次。他的付出没有白费，连香港警察看到他精彩的拔刀动作时，都无不称赞他是武侠小说中的"侠客"，而英国仪仗队指挥官对他更是佩服有加。他们所不知道的是，这些看似简单的动作，其实都是刀刀见血的苦功啊！

1998 年 6 月 27 日，美国总统克林顿访华，执行队长李本涛再一次荣膺重任。欢迎仪式上，李本涛下达了"向右看——敬礼！"的口令后，即面向来宾，江泽民总书记像往常一样向李本涛挥手致意，让他感到亲切和温暖。当他双眼注视着克林顿总统时，李本涛从对方的眼里感觉到的是从未有过的审视。他双眼凝视着克林顿，单手挥出指挥刀在空中划了一道优美的弧线，刀尖直指苍穹。然后，他迈着铿锵有力的正步走向来宾，在距离克林顿总统 3 米开外的地方立正，完成托刀、撇刀、举刀等礼节性动作后向总统报告："总统先生，中国人民解放军三军仪仗队列队完毕，请您检阅。"克林顿似乎被这位"军中第一刀"风度感动了，他走下检阅台向李本涛鞠了一躬。还同江泽民主席会心地说了一句话，然后非常赞赏地朝李本涛挥手致意。接着，李本涛平移军刀，伴随江主席陪同克林顿总统检阅三军仪仗队——这一系列动作是那么地自然大方、潇洒漂亮。

事后，李本涛说，那一刻，久经"沙场"的李本涛也不由一阵激动，"我觉得我托起的不仅仅是一把简单的军用指挥刀，而是一个民族的力量和尊严。"

三军仪仗队大队长程志强说："他（李本涛）不仅形象好、嗓子好，军事动作和心理承受能力都很强。不服输，他无论吃多大苦受多大累也要把任务完成好，让人放心。"这一句话是对李本涛再真切、恰当不过的概括了。这些年来，李本涛在历史永恒的瞬间展现出中国军人风采，执行 500 多次任务无失误，不仅为自己赢得了

"军中第一刀"、"军旅第一嗓"的美誉，而且更为三军仪仗队、为国家赢得了荣誉。

13. 以责任书写军人荣耀的向南林

一个刚刚走出校门两年的普通学员，是何种原因使其成为官兵心中的"明星"？一个身处基层技术岗位的普通士官，是何种动力使其成为新一代青年士兵的榜样？

在向南林的学习笔记本上，清晰地写着这样一句话："知识最诚实，学习掌握并能正确运用它，它就会变成不可估量的力量。"

巴山绵绵，蜀道弯弯。一个身穿单衣的孩子，肩挎书包，顶着寒风独自走在崎岖的山路上。山陡路滑，孩子在几次摔倒后又顽强地站了起来，一步一步地艰难向前挪动。他就是向南林。

1981 年，向南林出生于四川大巴山区的一个小山村中。在其刚刚懂事的时候，曾当过教师的父亲便给他讲述古今中外一些成功人士刻苦学习的故事。随着年龄的增长，理想的种子在他的心中生根发芽：知识不仅能够使他走出大山，还能改变他的命运。在向南林幼小的心灵深处，学校就是追求理想的天堂。寒来暑往，年复一年，每天天不亮的时候，他就要起床，带上苞米与红薯，爬两个多小时的山路前去上课。诸多次由于山陡路滑而跌倒，当饭盒滚至山沟的时候，他在一天中便饿着肚子。一起前往上学的孩子由于吃不了这份苦，均纷纷辍学回家，然而，向南林求学的信念却从未动摇过。

山村小学的教学设施是尤为简陋的：一间四处漏风的平房就是教室，几十张"缺胳膊少腿"的板凳就是课桌。由于山里较穷，任何人均不愿意到其教书，唯一的老师就是村里的一名高中生。几个年级的孩子挤在一间破旧教室中，老师时常为低年级学生上完课后再紧接着为高年级的同学上课。尽管条件较为艰苦，但向南林的学习成绩却是异常优秀的，曾被评为"市级优秀少先队员"。

进入初中以后，学校离家的距离很远，50多公里的山路则要翻越10余座大山，然而，这些困难并没有影响他学习的劲头。凭借这种刻苦的精神，一直以来，向南林的学习成绩总是名列前茅，被评为"市级三好学生"。进入高中之后，他又凭着自己优异的成绩与其综合素质，当上学生会主席，并成为十里八乡中出名的好孩子。

向南林的"学习小屋"，面积不足六平方米。在那片狭窄的空间里，书柜上却摆放着一摞摞烫金证书：首届"全军士官优秀人才奖二等奖"、集团军"学习成才标兵"、"国家法律专业技术资格证书"、"国家二级篮球裁判"等共32本。

虽然只读两年高中便辍学入伍，但却以其实际行动赢得32本烫金证书。这组具有强烈反差的数字究竟印证着什么呢？师政治部主任鲍学军这样说道："这就是向南林入伍七年以来勤奋学习的缩影与见证。"

自从走进军营的那天开始，向南林便暗暗地告诫自己："只有勤奋努力，才能弥补知识方面的差距。"在当兵的第一年，他以减掉八斤的体重换来全营同年度士兵中第一个"全能炮手"，担任军械员的时候，他依靠整日一身油污的刻苦训练而掌握了武术方面初级修理技能，夺得全旅军械员比武第二名；2001年，他又以优异的成绩考取武汉军械士官学校。

在入校后的第一次实装操作中，"知识差"便为向南林上了重要的一课。面对指挥仪一尺多厚的电路图与密密麻麻的元件，他不禁感到眼花缭乱，无从下手。对于高等数学、普通物理、微电子应用技术等十多个学科专业知识，从未接触过。那天晚上，向南林彻夜未眠。

与此同时，他深深地意识到，只有疾速地奔跑，才能缩短其与目标的距离；只有跨越重重高山，才能成为勤奋的攀登者。

于是，向南林就为自己制定了一份"魔鬼学习计划"：节假日不休息；白天上课，看挂图、记数据，晚上就学习新知识，默默地演习电路图。当熬夜困的时候，就嚼一口红辣椒，提提神儿。由于辣椒吃得过多，向南林时常流鼻血，为此曾先后两次住进医院。

曾在高炮团的时候，由于经常熬夜，向南林的眼圈总是黑黑的，为此，学员们均开玩笑地称之为"国宝大熊猫"。就这样，两年下来，向南林不仅自学了《电工原理》、《模拟电路》等30多本书记，还曾写下近20万字的学习笔记。

在一个不断学习的社会中，学习应该作为一种生活习惯，一种人生态度，持之以恒、坚持到底。走出校门的向南林，步履日益急促。

每当夜深人静的时候，"学习小屋"的灯却依然亮着。在其书桌上，两摞厚厚的专业书籍抵挡着向南林的上半身。灯光下，他总是在聚精会神地整理一天以来的工作笔记与学习体会。正是依靠这种独具一格的"灯光精神"，他才在全团推广"指挥仪故障修理排除法"等近13项革新发明，才在《军械士官》等杂志上发表《信息战中信息技术对装备保障的影响与对策》等6篇研讨文章。

当学习已成为一种习惯之时，处处都是吮吸知识的课堂。每次观看新闻的时候，他总是带着纸笔，随时记下一些前沿信息与新的论点；每当上街购物的时候，他总是奔到附近的书店转转，视察一下是否有新书上市；每当外出演习的时候，他总是在包里塞上几包蜡烛与蚊香，熄灯后前往帐篷外面看一下书；即使在送修装备这种苦差事中，他也从不忘记披着大衣躲在平板的货车上瞄几眼书。

有一次，向南林探家归队转车至沈阳的途中，望到离发车的时间还有很长，就前往周围的书店进行翻阅。在密密麻麻的书架上，《十六届六中全会解析》、《社会主义核心价值观初探》等两本书深深地吸引着向南林。当时，十六届六中全会刚刚闭幕，他一直在寻找着这方面的书籍，然而，身上只余下十几元钱，连买一本书的钱也不够。在其身上，唯一值钱的东西就是女朋友最近送给自己的"好译通"学习机。这可如何是好呢？在一番认真思考之后，向南林便狠下心，用其"好译通"跑到三好街电子市场换回200元钱，又返回书店买下那两本书。

一个多月后，向南林用其积攒下来的零花钱再次买了一个一模一样的"好译通"，并将此事深深地掩藏在心底。

孙殿文曾这样说过："青年人不断跻身时代前列，因为朝气和血性，也因为学习和积累。"虽然对于爱情而言，它是一个美丽的"谎言"；但从求知方面来说，它则是一个令人震撼的故事。

向南林曾经说过："选择了军营，就是选择了战场，就要为战争而准备，义无反顾地去迎接雷霆与朝阳。"

向南林的家乡是四川大巴山区，那块革命的热土，曾孕育出其沙场点兵、驰骋疆场的梦想。然而，在新兵营的首次摸底测试中，共抽考了五个科目，他却仅有一门勉强及格。

于是，向南林便横下一条心，并为自己制定出这样的目标：队列、射击、投弹等，各项成绩均要全部达到优秀行列。

每天天不亮的时候，向南林就收拾好内务，在腿上绑上两个粗布缝制的大沙袋，然后围绕操场重复地奔跑。每逢节假日，有些新战士请假外出逛风景，他却在营区对面的山坡山练习冲刺；每天晚上，他坚持做俯卧撑、仰卧起坐等，还吩咐战友坐在自己的肩上，练习蹲下起立，锻炼腿部与腰部的力量。当手榴弹投到不远的时候，他就坚持反复练习，每天比别人多投两三箱，直至练得手夹不住筷子为止。

曾有这样一句俗话："不服输，才不会再输；不言败，才能反败为胜。"三个多月以后，向南林由一个文质彬彬的书生，而转变为一个"小老虎"般的士兵。在新兵结业考核的时候，他以各科全优的成绩而荣获新兵营嘉奖。

2001年9月，向南林以集团士兵第二名的优异成绩，顺利考入武汉军械士官学校。在不断的学习中，面对电子、激光、红外等前沿学科知识，在课堂上，他分秒必争；课余时间，他闭门自修。就这样，在毕业的时候，他如愿以偿地取得绝大多数科目均在90分以上的优异成绩。由他总结的指挥仪修理"听声初判、观表定位、按图推演、实地解难"等四步排除故障法，曾在教学过程中不断推广。除了埋头苦读，他还将自己的注意力放至动手能力的锻炼方面，一旦拥有机会，他就独自钻进实验室中拆拆焊焊。临近毕业之际，他的指挥仪修理技术便能与学校里的行家媲美，一位教授据此预言道："这个学生在日后必能成大气候。"

离开校园的时候，向南林录下革命导师恩格斯的一段诗进行自勉："一股汹涌的洪流，呼啸着奔出山谷。松树在它面前轰然倒下，就这样它给自己冲开一条大道……"

跨出校门，向南林一方面直面知识与现实实践的"鸿沟"，一方面对着团队的装备一招一式地进行练习，不论是严寒还是酷暑，他从不稍辍。对于向南林来说，听声音辨故障则是其"拿手绝活儿"。当部队组织训练的时候，他时常在指挥仪的旁边一蹲就是十几个小时，听音、辨情、记参数、摸索机器的运行规律，从而练就了其"一听即准"的功夫。有一次，当随连队保障演习的时候，在开始前的几分钟内，指挥仪猛然发出异常的声音："不好，线芯有问题！"他手到病除，指挥仪在最短的时间内便恢复了正常。

检验的机会终于如约而至。2004年9月，集团军举行专业大比武，参加比武的均是专业技术士官，正可谓高手云集、群英荟萃。在大比武的过程中，年龄最小、资历最浅的向南林却成为"一匹最黑的马"，一举击败比他早当兵8年、甚至10余年的老兵而轻松夺魁，团队曾为他记三等功一次。在颁奖仪式之后，向南林走在回驻训点的途中，比赛对手单位的一个领导远远看到他，便对周围的人说道："这个兵，不简单！"

正如那位领导所说的那样，向南林果然并不简单。从此以后，在军区、集团军与师团组织的专业技术比武中，他不仅连续六次以绝对优势赢得了第一，还以团体总分第一名与四个单项第一的骄人成绩而被评为"优秀新装备操作手"、"装备技术士官优秀人才标兵"等。

真实的人物，平凡的事迹，不仅向我们阐释出向南林为守护和平而时刻眺望未来战场、积极履行职能的战斗精神，还为我们书写出一名青年士兵直面信息化的战争挑战，精武建功的铿锵步履。

著名作家柳青曾经感言："人生的道路是漫长的，但关键处却往往只有那么几步——特别是当人年轻的时候。"对于向南林而言，也是依然如此。

向南林的家乡地处山区，经济十分落后。在当地，读书是唯一一个能够改变其命运的重要途径。对于报考大学，向南林一直拥有着强烈的企盼，因此，他勤奋学习，成绩优秀。然而，当他想到父母为了供应兄弟俩读书而日益操劳的时候，即将高中毕业的向南林却毫不犹豫地将继续读书考大学的机会留给弟弟。

"大学梦"的破灭，并没有泯灭其心中的希望之火。在一番深思熟虑之后，向南林毅然走出"难于上青天"的蜀道，进而参军入伍。当新训结束的时候，队列、长跑、投弹、射击等实训项目，他几乎是科科优秀。

2001 年春天，向南林盼到报考军校的机会，但此年的春天并没有给他带来希望。论学习成绩，向南林排在最前面，然而，当轮到他的时候，却偏偏没有名额。不久后，他又以团军第二名的成绩考入武汉军械士官学校。

在两年的军校生活中，向南林由班长、区队长至模拟连指导员，岗岗值得他人羡慕，与此同时，他的学习成绩尤为显著，原本能够作为留校对象。令他感到出乎意料的是，由于院校精简调整，愿望再次落空，既然不能留校，他就想到返回原部队，却被告知原部队已接到撤编命令。

一位校领导特意找到向南林，并关切地说道："小向，我帮你联系一下，分回家乡驻军，如何？"在不计其数人们的心目中，它是一个十分不错的选择。然而，向南林却深深地感觉到，如果当兵，就不能恋家。况且，倘若专业不能对口，自己的两年军校则是白读而已。于是，他婉言谢绝了校领导的好意，被分回原驻地的某高炮团。

到达新部队后，向南林本着"一切从头开始"的原则，凭借自己过硬的素质，在团队中脱颖而出。毕业后不久，他的胸前便挂上两枚军功章。2005 年 4 月，士兵提干的指标分至各团，向南林理所应当地排在全团第一。但命运又与他开了一个玩笑。相关政策规定：全日制士官学校毕业的士兵不得提干。第二年，团党委从爱惜人才的角度出发，再次将其作为头号提干人选并向上级进行推荐，也由于同种原因而被"卡"了下来。

倘若说，曾经的曲折对向南林而言，仅仅只是一种历练的话，那么，这两次接踵而至的挫折却意味着他将与"军官梦"失之交臂。

虽然军官与士官仅仅只有一字之差，但它却是诸多优秀士兵实现其人生价值、展示聪明才智的梦想舞台。如果当初没有选择，就不会拥有如此之痛苦。在挫折面前，向南林的确拥有过彷徨与失落，可每次又能在最短的时间内得以振作。

回想起自己的点滴进步，向南林知足地说道："没有组织的培养，就不会有自己的今天。自己的进步、素质、荣誉，哪一点不是组织上给的！"与此同时，他还这样坦然地说道："没有这些挫折，就没有今天的我。"

虽然希望一次次地破灭，但新的追求也随之一次次升腾。在团队的各类赛场上，他依然闪现着其矫健的身影；在军地文艺演出的舞台上，他依然展现着其催人奋进的风采；在新装备形成战斗力的攻关中，他依然保持着其精益求精的态度……

欧阳海曾经这样说道："在生活的激流里，谁不能扬起风帆，谁的生命之船就将搁浅在时代的岸边。"面对艰难困苦，向南林既没有愁眉苦脸，也没有唉声叹气，而是积极、乐观、向上地迎接着一个又一个的挑战。

14. "中国忠诚卫士" 尹欣欣

1米68的瘦小身材，一旦张口说话，不免带着几分腼腆，23岁的尹欣欣，使人难以将其与一名优秀的武警特战队员联系在一起。然而，刻苦的品质却铸就了其高强的本领。

2007年3月30日，应武装部队的热烈邀请，俄罗斯内卫部队几位将领来到上海总队九支队特勤中队进行参观访问。在攀登高楼之

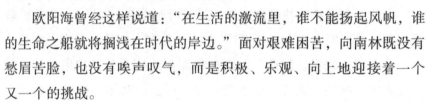

前，该部队的副司令巴布金将一只别致的俄式秒表赠送于支队长陈伟国上校，并介绍其秒表计时范围为 30 秒，尤为适合军事考核。

陈伟国一边指着攀登的高楼，一边微笑地说道："30 秒太长了，爬上这样 5 层高的楼房，我们的战士通常只需 7 秒！"听到他的话语，随行的外宾们不禁为之一震，巴布金少将更是惊诧地提出现场考核的要求。

作为班长，尹欣欣毫不推却地第一个出场。当俄罗斯将军摁下秒表的那一瞬间，只见他奋起跃身，攀上下水管，"噌噌噌"地几下就蹿上楼顶。紧接着，一个漂亮的反身箭式下滑稳稳落地。这一整套动作完成之后，秒表仅仅落在 6. 3 秒上。巴布金感到异常震惊，一时间，他简直不敢相信自己的眼睛，不停地望着秒表上显示的数字。随后，代表团的成员纷纷要求与尹欣欣合影。巴布金少将十分激动，立刻拿出一枚代表俄罗斯内卫部队对外军最高敬意的荣誉勋章，亲自挂在他的胸前，并连声称赞道："真正的军人，值得内卫部队骄傲的中国同行！"

事实上，尹欣欣的"拿手绝活"远远不止攀登这一项，他不仅获得浦东新区运动会男子 800 米长跑的冠军，还是支队 400 米障碍赛 1 分 28 秒记录的保持者；不仅在 6. 3 秒内便可攀至 5 层楼顶，还可在武装越野中于 17 分 20 秒跑完 5 公里的路程，95% 以上的射击项目均是 10 环……

而尹欣欣刚刚入伍的时候，个头不足 1. 65 米，体重仅有 47 公斤。在参加新兵的摸底测试中，8 项科目仅有 3 项合格，与现在身怀绝技的他相比而言，简直判若两人。对此，他却这样说道："我之所以变化如此之快，关键就是'吃苦'。每次训练均比别人多吃一点苦，时间久了，就会有所成效。"比如，在开始进行体能训练的时候，他跑三圈就跑不动了，于是时常为自己加码，后来，20 多圈、

30多圈也在无形中跑了下来。最终，他一口气跑50圈也不在话下。

为了实现做一名合格军人的理想，尹欣欣以"拼命三郎"的架势刻苦训练：在训练的过程中，别人跑5公里，他却跑6公里；别人一组做200个俯卧撑，他却做250个俯卧撑；别人一组拉臂20个，他却拉30个……为了练习攀登，在不足一年的时间内，他共磨破了50多幅手套，爬破了18双鞋子，甚至在每次就寝前，100个俯卧撑，100个仰卧起坐，100个深蹲起立，100个跳绳等已成为他的"必修课"。

对于尹欣欣而言，虽然他仅有一副瘦小的外表，但其保家卫国的信念却早已深藏心底。刻苦不仅练就了其超强的体能，还赋予其非凡的军事技艺。

尹欣欣是一个普普通通的农民孩子，是部队这个大熔炉将其铸造成为一名优秀的军人。从农民的儿子、普通士兵，成长为人民的忠诚卫士，尹欣欣的成长之路对当代青年有着一定的示范作用。

在15岁初中毕业的时候，尹欣欣顺利考入一所中等职业学校。然而，由于家庭贫寒，也为了妹妹能够继续读书，他毅然放弃了来之不易的学习机会。为了帮助家中改变经济状况，小小年纪的他便开始蹬三轮车送货挣钱，之后，又前往汽修厂学徒。曾在那时，部队前到村中进行招兵，尹欣欣还不满18岁，村里的一位长辈关怀地告诉他："欣欣，对农村孩子而言，这是最后的出路了！"

寻找出路，则是当年尹欣欣当兵的唯一理由。当时瘦小的他准备在部队大干一场，然而，初到新兵连时，他的体能等各项成绩均是倒数，又冒出在军营混两年就罢的念头。尹欣欣曾这样说道："是亲情给我鼓励与力量，是新兵连的崔班长教给我拼搏的精神。"他的爸爸与妹妹时常为他写信，班长手把手地耐心教他，在三个月的新兵训练中，尹欣欣以名列前茅的总成绩而受到新兵大队的嘉奖。

在刚刚入伍的时候，尹欣欣正赶上部队开展新军事变革教育活动。日益发展的军事科技，迫切呼唤高素质的军人。它在无形中使仅有初中文化的尹欣欣，深刻意识到自己在文化素质方面的差距。在那段时间中，尹欣欣时常在想：社会竞争日趋激烈，如果没有文化，没有过硬的素质，今后恐怕连吃饭也是一个问题。于是，他便在给父亲的信中写道："当兵是我最后的选择，成为一名优秀士兵是我最终的追求。"

不久后，尹欣欣找到自己的指导员，并告诉他，曾在读小学的时候，他一直沉迷于网络，较为贪玩，耽误了读书求学的机会。此时此刻，他又深刻意识到知识的重要性，请指导员为其提供一些学习求知的机会。几天之后，他报名参加了中队组织的网络知识培训，有些战士一碰到电脑，就开始看电影、玩游戏。然而，尹欣欣却一门心思地钻研各种软件的使用，学习打字、演练绘图等。在同龄的士兵中，他首批通过了全国办公自动化等级考试。进入特勤中队侦察班后，部队为其装备了一批猫眼软管窥镜、侦察摄像仪、微波侦察器材等高新设备，诸多装备的说明书也全部是英文，摆在战士们的面前，宛如天书一般。为了使新装备能够尽快出些战斗力，尹欣欣还独自购买了英汉词典，多次前往驻地学校向老师请教。每天晚上，当其他战士均回到宿舍倒头就睡的时候，尹欣欣却躲在被窝里拿着手电筒对照着进行翻译。

没过多久，他就成为侦察班里最早能够使用所有先进器材的"小专家"。之后，尹欣欣又先后完成电视中专学习，得到法律专业证书。改转士官后，他又报名参加士官大专学历教育等。

理想，为尹欣欣编织着青春的风采；知识，为尹欣欣插着不断腾飞的翅膀。他深深地懂得：只有不断努力，才能更好地回报于部队。

　　在入伍以来，尹欣欣本着对党与人民的无限忠诚与热爱，舍生忘死。他曾赤手空拳地勇擒抢劫歹徒，不仅使其英雄壮举在齐鲁大地传为神话，还以自己的实际行动履行了忠诚卫士的神圣使命。

　　2005 年 10 月 29 日，魏芳刚刚从青州市河滨路的工商银行取出 *1* 万多元的人民币，走出银行没有多远，猛然间，从一旁窜出三名男子，一把抢过她那装有现金的手提包，夺路而逃。在一阵惊慌失措中，魏芳一边紧追，一边大声喊道："抢劫了！抢劫了！"见此状况，过往行人纷纷远而避之，不敢上前制止，眼睁睁地望着歹徒即将消失在人群之中。

　　正在那时，当兵三年第一次返回青州老家探亲、身着便服的尹欣欣听到急促的呼救声后，便不顾三七二十一地拔腿冲至三名刚刚抢劫得手的歹徒。看到有人对其追赶，三名歹徒被吓得拼命直向前逃窜。*100 米、50 米、20 米*……眼见尹欣欣就要追上自己，惊慌的歹徒急忙将抢来的手提包扔向他，趁着歹徒回头扔包奔跑减速的那一瞬间，尹欣欣奋力扑至歹徒，以抱腿顶摔的漂亮动作将这名歹徒摔倒在地。其余两名歹徒见状后，转身捡起周围的石头、木棍等，一并朝其砸来。刹那间，猝不及防的尹欣欣遍体鳞伤，鲜血顿时从头上身上流淌下来。

　　此时，已经追赶上来的魏女士望到正在与歹徒搏打的尹欣欣，一颗心均提到嗓子眼，心中不可避免地嘀咕道：一个身体如此瘦小的孩子，则能打得过三个人高马大的歹徒呢？即使不要钱，也千万不能出人命啊……在惊慌中束手无策的魏女士对着过往的行人大声喊道："救命啊！救命啊！"此时的尹欣欣将自己的生死置之度外，赤手空拳地与歹徒展开殊死的搏斗。数回合后，歹徒见势不妙、分头窜逃。见到此种状况，易欣欣强忍身体的剧痛，紧紧盯紧拿包的那位歹徒迟迟不放，在一个下坡的地方将其扑到，就地擒获歹徒。

　　在最短的时间内，*110* 民警便赶到现场。将抢包的那位歹徒交于警方。当民警得知是眼前的这位"小个子"抓住身高马大的歹徒时，不由地对尹欣欣产生敬佩之意。

时代需要英雄，时代呼唤英雄。为了更好地保护百姓，尹欣欣不畏艰难、舍身忘死地只身勇斗歹徒。在生与死的抉择面前，他不愧于"忠诚卫士"这一光荣称号。

2007 年 5 月，在"中国武警十大忠诚卫士"中，一张年轻的面孔尤其引人注目，他就是得票最高、年龄最小的武警上海总队九支队特勤中队班长尹欣欣。

2003 年 8 月 5 日，黄浦江塘湾段曾发生一起油轮相撞事故。在顷刻之间，90 多吨有害重油流满江面，上海人民的母亲河——黄浦江由此深受污染，上海人民的饮水问题面临着前所未有的严重威胁。重油对身体的严重侵害使被高价雇佣的民工望而却步，清理油污的重任责无旁贷地落至武警官兵的肩上。在清污现场，以尹欣欣为首的侦察班战士首当其冲。他既是一名战斗员，又是一名指挥员，在齐腰深的油污中不断割水草、装泥袋、搞搬运等。一不小心，他便一头跌倒至油污中，等他再次爬起来的时候，全身上下只能看得见两只眨动的眼睛，其余一片乌黑。由于人员较少、工作任务重、气温较高、体力消耗大，尹欣欣先后摔倒两次，每次苏醒后，均是稍作休息，丝毫不顾领导劝阻，再次投至新一轮的战斗。由于长时间的工作，他的皮肤不幸感染，大范围的灼伤引发其红肿，手上、脚上均长满脓包，然而，他却不顾身体的疲劳与伤病，次日，他的身影再次出现在清理油污的现场。

有人曾经这样说道："在公益事业中，有钱的捐资叫慈善，没钱的捐款叫爱心。"然而，在尹欣欣的身体中，却始终跳动着一颗友爱之心。由于浦东辅读学校与特勤中队毗邻，尹欣欣先后与五名智障学生结成对子，不仅时常自费帮他们购买一些智力玩具与学习用品，还利用一切业余时间到学校与其一起做军事游戏、表演武术动作，一招一式地教他们擒敌术，引导他们战胜困难等。与此同时，尹欣欣时常说的一句话是："你行的！"这句话语在无形中使智障儿童的脸上一次次地泛起灿烂的笑容。

由于家境贫寒的缘故，幼小时期的尹欣欣便在无形中养成省吃俭用的好习惯。他是一个在三伏盛夏季节都舍不得买一支冰棍的人，然而，当其得知上海市奉贤区五四中学的学生刘静尉由于家庭拮据而面临辍学的情况后，刚刚转入士官不久的他便立即产生是否能为这个贫困家庭提供帮助的念头。于是，在一个不经意间的星期天，他特意来到上海爱心援助办公室，以了解刘静尉的具体家庭状况。得知刘静尉的父亲常年瘫痪在床，母亲大病初愈，家里每月的收入不足 800 元的时候，尹欣欣下意识地将手伸进装着当月 610 元工资的口袋，本想帮助这个可怜的孩子，但转念又想到千里之外的老家，他的家位于山东青州农村，家里的生活主要依靠父亲拉板车而维持，为了照顾在县城学习的妹妹，母亲常年租住在县城之外的窝棚里，直至现在，由于盖房子与供应妹妹上学，家里还欠着两万多元的外债，平时连肉都舍不得吃，父母也需要此笔工资为其解压……一边是素不相识的孩子渴望求知的眼神，一边是父母疲劳不堪的身影，尹欣欣的手将口袋里的 610 元钱攥了又攥，最终还是将其捐至眼前的刘静尉。从那以后，他又连续五个学期默默无闻地为其资助学费。当上海市爱心助学办公室为部队寄来捐赠证书与感谢信时，士兵们才得知他捐资助学的英雄事迹。

对待人民群众，他满腔热情；对待战友，他更能捧出一颗爱心。班里的一名战士周权患得了奇怪的皮肤病，只要一吃辛辣食物，就会全身奇痒；只要在运动后一出汗，就会溃烂流脓，几经治疗均毫无疗效，为此，小周深感痛苦，甚至曾产生过轻生的念头。尹欣欣一边耐心地开导小周，帮助其树立战胜病魔的信心；一边每天为小周涂药擦身，四处托人求医问药，即使是在探亲回家时，也从不忘记到处打听，最终在邻县一位老中医那里寻得偏方。回到部队后，他又每天亲自为小周煎药、端药。经过尹欣欣三个月的精心照料，小周的"怪病"终于得以全部治愈。

2006年6月，上级为支队分配了一名直接保送入学提干的名额。在考核选拔的6名预选对象中，尹欣欣的各项成绩均名列前茅，并由于见义勇为而拥有加分的优势。然而，他却主动向支队党委提出申请，将机会转让于兵龄比他长、综合素质较为出色的士官班长刘春光。与此同时，并对支队领导这样说道："我将来还有机会，可班长明年就超龄了，对他而言，这是最后的一次机会。"

一位参与第十届"中国武警十大忠诚卫士"评选的评委曾这样对尹欣欣评价道："他既是一位英雄，又是当代青年的楷模，更是平凡中透着理想、责任与追求的普通战士。在他的身上，令自己看到了社会的未来与希望。"虽然尹欣欣仅是一个极其普通的战士，但他却创造着不平凡的业绩。